AF453911

RÊVE D'UN VIEUX MARIN.

SCÈNES ORIENTALES.

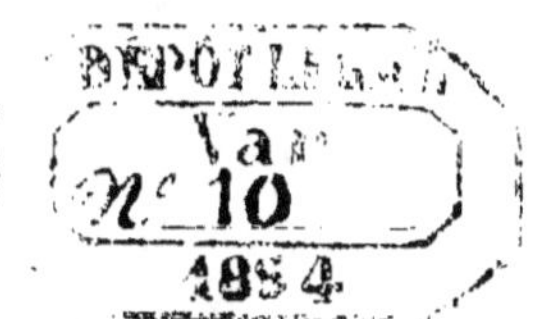

RÊVE D'UN VIEUX MARIN

15 décembre 1852

Par M. F. BRAU

ANCIEN OFFICIER SUPÉRIEUR DE LA MARINE, DÉCORÉ DU NICHAM-IFTIKAR,
MEMBRE DE LA LÉGION-D'HONNEUR, OFFICIER DE L'ORDRE DU SAU-
VEUR DE LA GRÈCE ET MEMBRE DE LA SOCIÉTÉ
ACADÉMIQUE DU VAR.

TOULON,

IMPRIMERIE DE Vᵉ BAUME, PLACE St-FLAVIEN, 17, AU PORT-MARCHAND.

1853

()!

Le dépôt ayant été fait conformément à la loi, tout exemplaire qui ne sera pas revêtu de la signature de l'auteur, sera contrefait.

DESTRUCTION DE PIRATES AUX FOURMIES DE NICARIA.

Voir page 40.

RÊVE D'UN VIEUX MARIN.

15 décembre 1852.

Les rêves naissent, dit-on, dans le moule de la pensée, par l'effet d'une imagination agitée ; il doit en être ainsi puisque mon rêve reproduit une infinité de faits qui me sont arrivés et dont les souvenirs m'ont occupé pendant longtemps.

J'ai été tellement frappé de ce songe extraordinaire, qu'aucune des idées, des circonstances, qui en ont été l'objet n'a échappé à ma mémoire. Quoiqu'il en soit, je viens les soumettre toutes au lecteur telles qu'elles se sont présentées à mon imagination.

L'homme est toujours emporté par son destin, et

quoiqu'il fasse pour s'en affranchir, la main puissante de celui à qui rien ne résiste ici-bas l'enveloppe, le saisit et l'entraîne malgré lui. Tel l'oiseau fuyant le chasseur, se précipite dans le filet qu'il voulait éviter, s'y embarrasse et perd sa liberté au moment même où il croyait être hors de tout danger.

Si dans mon rêve je me suis exprimé ainsi, je repousse toute imputation de fatalisme. Par *destin* j'entends la volonté de Dieu qui favorise toutes nos actions lorsque nous en sommes dignes, et nous inspire les bons, les généreux sentiments qui nous font agir sous cette heureuse impulsion : au lieu que si nous oublions nos devoirs envers Dieu, la grâce n'étant plus en nous, l'esprit du mal qui lui succède nous conduit dans ses funestes voies

Bien décidé à me faire marin, je sacrifiai mon temps, mes veilles à obtenir une réputation passable dans cette noble carrière, avec le sentiment bien arrêté de mourir à bord ! Et pourtant qui le croirait ? au tiers de ma course je fus renvoyé de la marine militaire par une mesure qui frappait injustement les opinions réelles ou supposées, et la chute du grand homme me fit tomber en même temps que lui. Enseigne de vaisseau depuis quatre ans, je suis mis en demi-solde à la fleur de l'âge et obligé par suite de changer d'état.

Il fallait pourtant se créer des ressources et suffire aux besoins les plus pressants. Je me résignai à faire le commerce jusqu'au jour où, guidé par une main divine, je parvins, sans le chercher, à rentrer dans la carrière des armes, objet de toute mon affection.

Envoyé en mission à Marseille par la maison qui m'employait, j'y rencontrai l'un de mes amis, victime comme moi du changement de dynastie, mais sans inquiétude pour l'avenir. Riche propriétaire, il allait maintenant et librement donner ses soins aux travaux des champs qu'il n'avait abandonné que par amour pour la gloire de son pays et l'honneur de son drapeau.

Au moment où nous nous entretenions de nos situations respectives et du passé si précieux pour moi, car j'aimais la marine militaire autant qu'un amant passionné aime sa maîtresse, autant qu'une mère chérit ses enfants, un ami commun nous accoste et nous dit : « Il « faut que l'un de vous me rende un service signalé : « un capitaine turc a perdu son pilote, et je lui ai « promis de le remplacer ; et s'adressant à moi : tu » devrais embarquer avec ce riche négociant, armateur » et propriétaire d'une belle polacre, tu serais son pi- « lote, son guide dans ses voyages méditerranéens ; « une bonne paye, beaucoup de cadeaux et un intérêt « sur la cargaison seraient, il me semble, pour toi, un « avenir qui en vaut bien un autre. Tu es marin, ce « métier est celui de ton enfance, en acceptant l'offre « de ce brave homme tu n'abandonneras pas un état « pour lequel tu es né. Peut-être, tu pourras atteindre « la fortune plus tôt que par tout autre voie. A 22 ans « on ne quitte, ou du moins on ne doit pas abandonner « une carrière dans laquelle on a eu quelques succès, « et où une bonne réputation peut inspirer de la con- « fiance et assurer des avantages dans les entreprises. »

Je ne pus résister aux arguments de mon ami, et

par goût autant que par intérêt j'acceptai son offre obligeante. Il me présenta sur-le-champ à l'armateur turc, qui, sans attendre davantage, signa un contrat par lequel je devenais son pilote et il m'assurait certains bénéfices sur la cargaison.

Il ne me restait qu'à faire mes préparatifs de départ, je vins à Toulon prendre mes effets et mes instruments nautiques, et après avoir embrassé ma famille je fus prendre mon poste sur mon nouveau navire.

C'était une belle polacre, soignée dans son installation et ses aménagements ; ma chambre, sans être grande, était fort commode ; l'équipage, composé de Turcs du golfe de Venise, hommes essentiellement commerçants et tous intéressés sur la cargaison, était sobre et actif par habitude : aussi, au milieu d'hommes forts et nombreux je me croyais presque sur un bâtiment-transport de l'État. Le chargement oriental débarqué, nous mîmes sur le côté et en deux jours notre navire fut caréné et suivé : sa coque ainsi spalmée, nous étions certains de ne pas rester en route.

Les bâtiments de commerce ont donc ce grand avantage, qu'une fois déchargés de leur cargaison, on peut facilement nettoyer la partie immergée ; au lieu que cette opération sur les bâtiments de guerre est toujours fort longue, ceux-ci ayant dans leur cale et leur faux-pont des approvisionnements et des munitions en tous genres. Ce n'est pas une petite affaire que de débarquer les nombreux objets renfermés dans un bâtiment de guerre : aussi ne les nettoie-t-on sous l'eau qu'en les passant au bassin tous les trois ou quatre ans, et lorsque le cuivre qui recouvre la carène est chargé lui-même de coquillages et d'herbes marines par lesquels les navires sont retenus considérablement dans leur marche.

Cette opération essentielle étant terminée, nous chargeâmes pour Alexandrie où devait commencer notre escale qui devait finir par Raguse, après avoir visité Smyrne et Constantinople. Nous quittâmes donc Marseille à la faveur d'une légère brise du matin, qui nous poussait hors du port, et sur les huit heures le vent de N.-O. nous prit vers le cap Croisette et fit le reste pour accélérer notre vitesse.

Comme j'avais un excellent baromètre que je consultais souvent, je me rappelle qu'ayant remarqué qu'il était descendu pendant la première nuit de notre départ, je dis à l'officier de quart de faire prendre le bas ris aux huniers et de ne conserver que ces deux voiles avec le petit foc et l'artimon, afin d'être prêt à supporter la bourrasque que nous allions recevoir. Cet homme examina l'état du ciel, et, l'ayant trouvé serein et beau, à quelques gros nuages près couvrant l'horizon dans le S.-O., se mit à sourire et me crut fou ; cependant, comme l'armateur avait recommandé, en se couchant, de suivre ponctuellement mes ordres, il obéit, mais non sans répugnance. Nous venions de terminer nos précautions de sûreté lorsque le ciel se couvrit tout-à-coup, et un orage violent nous prouva, par sa force, que nous avions bien fait de l'avoir devancé. Il était alors onze heures du soir. L'orage se dissipant peu à peu et le baromètre remontant, à minuit j'ordonnai à l'offi-

cier de larguer les ris et d'augmenter de voiles à
mesure que le temps, qui allait devenir beau, le per-
mettrait ; celui-ci fut encore plus étonné que son pré-
décesseur. « Comment, dit-il, loin d'augmenter de
« voiles, j'allais en diminuer. » — « Soyez tranquille,
« lui répondis-je, dans une heure vous serez sous un
« beau ciel. » En effet, peu après le temps devint doux,
la mer belle, et à une heure et demie du matin nous
faisions route sous tout ce que nous avions de voilure.

Mes prévisions si bien réalisées en imposèrent tellement que tous, dans leur superstition orientale, crurent
que j'étais en relation avec les esprits. Cela se conçoit
d'autant plus facilement que le baromètre, ainsi que ses
qualités, leur étaient tout-à-fait inconnus, et comme
ils me voyaient entrer deux ou trois fois par jour et par
nuit dans une grande armoire où je l'avais placé pour
l'isoler de tout contact, ils crurent décidément que
j'allais m'entretenir avec l'oracle. Ils avaient aussi la
même pensée lorsqu'ils me voyaient observer les dis-
tances de la lune au soleil avec mon cercle.

Comme j'avais une bonne montre marine, je pouvais
compter sur la longitude que j'obtenais par elle au
moyen de mes angles horaires : aussi, pour éviter toutes
les questions oiseuses qu'on aurait pu m'adresser sur
les caps et terres que nous devions voir, je m'arrangeais
de manière à les éloigner autant que possible, ce qui
donnait un grand souci à mon armateur habitué à reconnaître toutes les terres, qui pouvaient lui fournir
une vérification dans son point et dans sa route. C'est
donc avec une peine infinie que je parvins à le tran-

quilliser ; cela étant , je puis assurer que depuis Marseille nous ne vîmes que le cap Bon et la colonne Pompée , ce qui étonna tellement le propriétaire qu'il me gratifia de deux cents francs , pour l'avoir prévenu la veille qu'à huit heures du matin nous apercevrions cette colonne et peu après Alexandrie.

Dès ce moment, cet homme estimable me prit si bien en affection qu'il voulait toujours m'avoir avec lui , même dans sa famille où j'étais traité comme le fils de la maison. Cette faveur est d'autant plus surprenante que la jalousie chez les Musulmans est une passion qui les domine à l'excès ; mais ma manière de le guider sur mer l'avait émerveillé de telle sorte qu'il me croyait un être surnaturel à qui il devait donner son sang s'il le lui avait demandé.

Comme on le sait, dans les pays chauds les rues sont disposées de manière à recevoir le moins possible les rayons du soleil ; en Orient surtout , elles sont si étroites que les fenêtres avancées en dehors du corps de la bâtisse , se trouvent quelquefois à moins de deux mètres des maisons vis-à-vis , ce qui fait qu'en plein midi on peut parcourir la cité sans être fatigué par la chaleur. Je dis même plus, le vent qui circule avec force dans ces rues y établit un courant d'air , une fraîcheur constante qui vous caressent agréablement. Du reste , comme les bazars sont les points principaux où se font le commerce et les ventes de presque toutes choses , les rues sont entièrement désertes jusqu'au soir , heure du retour des marchands dans leurs demeures.

Voulant un jour me rendre compte de tout ce que

j'avais lu ou de tout ce qui m'avait été raconté à ce sujet, j'allai visiter les bazars et les quartiers turcs; dans les premiers je vis en effet qu'il y avait foule, et dans les seconds je ne trouvai pas âme vivante.

Cette dernière circonstance me fut fort désagréable, car m'étant égaré dans l'espèce de labyrinthe que forment toutes ces rues qui se croisent et dont plusieurs sont sans issue, je me trouvai souvent fort embarrassé.

Un jour j'étais allé visiter une partie de la ville; un orage m'y surprit et m'obligea à me placer sur la porte d'un corridor dont la petite toiture me fournit un abri assez commode. Là, debout et le dos contre la porte, je la sens tout-à-coup fléchir sous mon appui, et me trouve, par son ouverture subite, dans le corridor, en présence d'une femme dont la voix était aussi suave que l'harmonie des anges, et d'une figure tellement ravissante que Raphaël lui-même l'eût prise pour modèle. La vue de cette beauté me remplit d'extase, mais après avoir repris mes sens, je la saluai le plus gracieusement possible et lui dis en italien : « Sous des traits aussi charmants que les « vôtres, il ne peut y avoir qu'une belle âme, je « compte sur toute votre indulgence pour obtenir mon « pardon. J'ai en effet été bien hardi pour me placer « sur votre porte et vous causer ainsi quelque effroi. » « Non, me dit-elle, vous ne m'avez pas fait peur; « car vous ayant aperçu de ma croisée, j'ai voulu « vous être utile en venant moi-même vous offrir « l'hospitalité. » Ces paroles, prononcées en français le plus pur, me remplirent de joie, puisque j'étais désormais certain de pouvoir, sans le secours d'un interprète, expliquer à cette femme charmante tout ce que j'éprouvais d'heureux en sa présence, et dans la faveur que le ciel venait de m'accorder en me mettant en relation avec une compatriote qui n'avait point de rivales, même dans l'empire des grâces ! Elle sourit, ferma la porte et je lui offris mon bras pour la conduire dans son appartement où, après m'avoir fait asseoir, elle me raconta son passé.

Elle m'apprit que, née en Egypte, d'un riche négociant turc et d'une Française, sa mère, femme savante, très capable de faire son éducation, l'avait soignée avec tout le zèle que donne l'amour maternel; et « malheureusement, me dit-elle, depuis trois jours, « mon père et ma mère viennent de m'être ravis par « la peste. Grâces à Dieu, les soins que je leur ai « prodigués, loin de me communiquer ce mal conta- « gieux et d'épuiser mes forces déjà minées par une « maladie intérieure qui devait m'enlever, l'ont, au « contraire, pour toujours éloignée en me donnant « une nouvelle énergie. »

A ce mot de peste, je fus un moment indécis et l'enthousiasme respectueux que m'avait inspiré la réception polie de cet ange de beauté allait s'éteindre et me faire fuir, lorsqu'elle me dit, en me prenant la main qu'elle posa sur son cœur : « Voyez comme il bat de joie ? « comme il est heureux ! d'avoir trouvé en vous, Mon- « sieur, un ami, un compatriote de ma mère, qui pourra « me consoler de mes chagrins, de ma douleur, dans

« mon isolement ; car vous le voyez, je suis seule,
« toute seule, mes domestiques même, à ma nourrice
« près, ont disparu dès le principe de la maladie de
« mes parents. C'est donc Dieu, oui c'est lui qui vous
« envoie pour me protéger, puisque vous arrivez au
« moment même où personne ne peut trahir votre pré-
« sence ici, et Dieu, satisfait de notre confiance en ses
« bontés, fera le reste en récompensant nos sentiments
« vertueux. »

Son air de bonheur, malgré ses larmes, sa franchise
et cet aveu si doux ranimèrent mon courage, j'oubliai
tous les dangers pour ne m'occuper que de celle qui
m'honorait d'une confiance sans bornes. Je lui jurai donc
de l'aimer comme une sœur chérie et d'être son protecteur jusqu'à la mort.

Je m'aperçus bientôt de la beauté et de la grandeur
de son âme, ses talents et surtout ses vertus m'édifiè-
rent au point que tous les désirs que peut inspirer
l'amour, s'éteignirent en moi pour être remplacés par
l'amitié la plus pure et par un respect absolu.

Cette femme, au-dessus des frivolités de son sexe,
avait un goût prononcé pour la gloire, elle avait étudié
d'une manière remarquable les ouvrages des grands
hommes de guerre ; elle avait fait dans ce genre d'instruction, des progrès si grands, qu'en lisant la relation
d'une bataille, elle précisait les dispositions qui avaient
entraîné la victoire ; en un mot, c'était une femme remarquable, digne d'être un jour célèbre par son génie
militaire et par une bravoure capable des plus grands
succès. Sa taille avantageuse, son regard assuré, sa pa-

role ferme et concise, son attitude noble et fière, tout
enfin en elle se prêtait à en faire une héroïne qui pourrait un jour rendre les plus grands services au pays qui
saurait mettre à profit des dispositions aussi extraordinaires.

J'étais depuis trois jours avec elle et sa vieille nourrice qui avait toujours été l'inséparable amie de sa
mère, et je me trouvai déjà fort coupable, non seulement par rapport aux lois et aux usages du pays,
mais encore envers mon digne armateur, que mon
absence devait désespérer et irriter même ; peut-être
à ses yeux n'étais-je plus qu'un ingrat ordinaire, et
il devait regretter amèrement les nobles témoignages
d'amitié qu'il m'avait donné.

Je disais à ma nouvelle sœur le chagrin qui s'op-
posait à la joie et au bonheur dont je devais jouir
auprès d'elle, lorsque trois coups furent frappés à
la porte de la rue....... je m'élançai dans une retraite sûre et inaccessible. C'était une grande armoire dans laquelle étaient placés chaque matin les
matelas qui servent à faire le soir les lits sur le
plancher. Là, sans être vu, je pouvais voir et entendre ce qui allait se passer dans le grand appartement de réception....... Quel ne fut pas mon étonnement lorsque j'y vis entrer Ibrahim, mon armateur et
mon ami dévoué....... Son air était triste, non seulement du chagrin qu'un frère doit éprouver à la mort de
son frère bien aimé ; car j'appris bientôt qu'il était l'oncle de mon hôtesse. Mais sa physionomie exprimait encore qu'il souffrait, qu'il était agité par une perte non

moins cruelle ; les paroles qu'il prononça en entrant m'en donnèrent bientôt l'assurance. « Ma chère Zulmé, « Dieu a voulu me frapper doublement en m'enlevant « un frère et un ami, que j'aimerai toujours, parce que « je suis certain que son absence est involontaire ; des « méchants, jaloux de mon amitié pour un chrétien, « l'auront assassiné pour me priver à tout jamais de « ses conseils, de son concours dans mes affaires com— « merciales et de sa tendresse pour moi. Oui ! plus « malheureux que toi, je viens associer ma douleur à « la tienne et te prier d'avoir pitié de cet oncle qui t'a « toujours chéri comme un père. » Ici il s'arrêta et un torrent de larmes inonda ses joues !

Que faire en pareille circonstance ? La reconnaissance ne fait pas de calculs, elle affronte tout ; le danger n'est plus rien. Profondément ému par tant de bienveillance, je m'élançai sans réfléchir aux suites qu'une colère fanatique pouvait m'attirer en me présentant immédiatement devant un oncle, devant un Turc qui devait, en me voyant, moi chrétien, caché chez une Musulmane, m'immoler sur-le-champ, selon les ordres de sa religion. Ibrahim, mon protecteur, ne pouvait plus, sans être victime de sa faiblesse, échapper de son côté à la rigueur des lois.

Quelle cruelle alternative pour lui ! frappera-t-il de son yatagan ou traduira-t-il devant le grand tribunal ce chien de chrétien qui a osé s'introduire dans la maison de sa nièce, de cette nièce belle comme une houris du septième siècle.

En m'apercevant à ses pieds, cet homme, encore dans

a force de l'âge mûr , saisit son arme , la dégaine à moitié , s'arrête et tombe évanoui sur le divan..... Nous lui prodiguons les soins les plus actifs et les plus empressés ; et , revenant à lui , ce digne Musulman prononce mon nom et ces paroles. .. « Tu veux donc me « déshonorer ! que t'ai-je fait pour me désoler ainsi? » Mes caresses , celles de sa nièce ne purent le tirer de la prostration dans laquelle il était tombé. Ce ne fut que lorsque Zulmé lui eût assuré par un serment religieux qu'elle était encore aussi pure, aussi chaste que le jour de sa naissance , qu'il se releva avec énergie pour s'écrier : « Que Mahomet soit loué ! Ali-Allah ! Mahomet Inchallah ! » Et se tournant vers moi, il me tendit la main en me disant : « Puisque tu es aussi sage , aussi ver- « tueux , je t'aimerai toujours ! »

Immédiatement je lui fis le récit de tout ce qui m'était arrivé depuis notre séparation ; il en fut ému jusqu'à verser des larmes et finit par me dire : « Reviens chez « moi, Zulmé nous y rejoindra et là au moins tu seras « en sûreté contre la vengeance superstitieuse de ma « religion qui punit de mort le crime que tu viens de « commettre.... Tiens , affuble-toi des vêtements de « mon frère et sortons ; car , oubliant mon existence, « je tremble pour la vôtre , mes chers enfants ! quel « malheur que votre innocence fut punie comme le « crime !

Revêtir les effets d'un homme mort de la peste n'était pas chose qui put m'aller. J'avais la certitude que cette terrible maladie était contagieuse , mon observation fit pâlir et trembler d'épouvante celui qui m'avait donné, sans y réfléchir, un conseil si pernicieux. Se levant subitement, il sortit, revint peu après avec des vêtements neufs que j'endossai, et sous ce déguisement je partis avec mon protecteur, avec cet homme digne maintenant d'une amitié sans bornes ; car, quel est le vrai Musulman, je le demande, qui soit capable de ne pas sacrifier lui-même ses propres enfants à la justice de Dieu ? Mais Ibrahim, quoique capable d'exécuter un aussi grand acte, fut assez maître de lui pour se dire : Qui nous assure que Dieu lui-même ne modifierait pas cette punition sévère, s'il était là pour juger ?

Chemin faisant, je dis à l'homme honorable dont j'étais le capitaine de pavillon : « Mon cher Ibrahim,
« sous l'influence du sentiment qui me porte, qui
« m'enchaîne à Zulmé, je ne suis capable de rien et
« cependant capable de tout ; de rien parce que sans
« elle je serais triste, malade et même fou ; avec elle,
« libre de mes actions, de mes idées, je pourrais m'en
« servir pour exécuter les plus grandes choses. Ainsi,
« mon bon ami, ne me séparez pas de l'instrument qui
« doit me servir de phare et de moteur pour tout entre-
« prendre, pour tout exécuter, si vous voulez que je
« vous seconde comme vous méritez de l'être. Croyez-
« le bien, ce n'est ni l'amour, ni la volupté qui m'atti-
« rent à elle, c'est une amitié pure, c'est le mérite que
« je lui reconnais, c'est enfin une supériorité bien
« grande, qui me force à l'apprécier ce qu'elle vaut ;
« et ce prestige brillera pour tous ceux qui marcheront
« avec la belle Zulmé. »

Ibrahim me serra la main et me dit : « J'ai tout prévu,

« parce que j'ai deviné l'effet que ma nièce a produit
« sur votre cœur et sur votre existence : aussi je suis
« décidé à l'emmener avec moi sous un costume de
« notre sexe ; elle ne nous quittera plus : ainsi , soyez
« tranquille et allons rassurer ma famille qui , comme
« je l'étais avant de vous avoir retrouvé , est dans le
« chagrin le plus profond . »

A ce dernier mot nous entrions chez lui , où ses enfants et sa femme me reçurent comme si je fusse revenu
d'un voyage fort long. A l'aide d'une supercherie je
parvins à les rassurer et à leur donner la preuve que
mon absence avait été la suite involontaire de mon éloi-
gnement ; car « m'étant jeté, à la hâte, dans un bateau ,
« leur dis-je , pour sauver des hommes qui se noyaient
« dans la passe, un coup de vent subit m'a porté au large
« et j'attendais à bord d'un brick de commerce , qui
« m'avait reçu , le retour du beau temps pour revenir
« auprès de vous. »

Leurs soins m'entourèrent de nouveau et ils furent si
empressés que je ne serais plus sorti de la maison si
j'avais écouté leurs sollicitations.

Le même jour , Ibrahim fut chez Zulmé l'instruire de
sa décision ; elle pleura de joie , car ce n'était pas une
femme née pour rester renfermée, c'était le mouvement,
les émotions et la liberté qui lui étaient nécessaires ;
l'indépendance était son Dieu. Du reste , nous verrons
plus tard que cet amour de la liberté ne devait donner
le jour qu'à de grandes et nobles conceptions , tant son
cœur magnanime renfermait de précieuses vertus.

Zulmé mit ordre à ses affaires. Sa nourrice resta

comme directrice de sa maison, de ses propriétés, et trois jours après cette femme charmante, sous le costume européen, était à bord de la polacre ; elle devait devenir plus tard la consolation d'Ibrahim et la félicité pure, mais suprême, du pilote son ami.

Voilà donc cette imagination ardente libre de ses entraves, en face d'une mer immense, aspirant par tous ses sens le bonheur de jouir de la grandeur de l'espace. Elle éprouve des sensations infinies, lorsque ses yeux avides parcourent l'immensité de l'horizon et se reportent ensuite sur la voûte des cieux.

Aussi heureux qu'elle, je l'associe à mes travaux. Son intelligence est une de celles que la Providence protège ; toutes les difficultés s'aplanissent devant elle : car, le même jour, cette femme que rien n'étonne, inscrit mes observations, compte sur ma montre pendant que j'observe, et m'aide ensuite à calculer dès que je lui ai montré le mécanisme du calcul.

Oui ! il est des natures exceptionnelles pour qui rien n'est un obstacle, et Zulmé est une de ces belles œuvres de Dieu. Elle n'a qu'à voir, pour faire et pour saisir dans une heure ce qu'on lui démontre, tandis que d'autres ont besoin d'une existence entière pour comprendre et exécuter.

Comme le meilleur matelot, Zulmé monte avec moi sur les mâts pour éloigner les limites de son horizon ; elle prend un ris comme le meilleur gabier : son intelligence appliquée aux travaux du bord sait trouver des routes plus courtes, afin d'économiser le temps et pour perfectionner les résultats. Aussi tout l'équipage est-il

émerveillé de l'adresse du nouveau venu ! Ibrahim lui-
même croit rêver, et dans son enthousiasme il se demande si c'est bien là sa nièce. « Qui peut donc aujour-
« d'hui, s'écrie-t-il, contester aux femmes la possibilité
« non seulement de nous imiter, mais encore de nous
« dépasser dans les sciences, dans les arts et dans tout
« ce qui peut être confié à leurs sublimes capacités ?
« Je crois d'autant plus à ce prodige, que maintenant
« j'ose dire qu'une femme a plus de tact, plus de savoir-
« faire, plus de patience que bien des hommes. Oui !
« une femme vertueuse et instruite peut faire autant
« de bien à la société qu'une femme pervertie peut lui
« causer de mal ! »

Après quelques jours d'une traversée heureuse et
agréable, nous aperçûmes la célèbre île de Chypre que
notre héroïne dessina comme elle avait fait d'Alexandrie
fuyant derrière nous le jour du départ. Ravie de voir
un autre pays que le sien, elle fit un croquis charmant
sur lequel figuraient plusieurs navires en vue.

Le lendemain, la fameuse île de Rhodes, ancienne
propriété des chevaliers de cet ordre, nous restait à
babord pendant que la pittoresque côte de Caramanie
s'apercevait par tribord. Quelle source de chefs-d'œuvre
pour notre amie ! quelle récolte de belles choses ne
fit-elle pas à cette occasion ; son album en fut inondé,
tant elle avait de promptitude à dessiner ce qui excitait
sa joie et son enthousiasme. Ce fut à cette occasion que
je pus juger exactement du fini de son éducation ; car,
tout en fesant ses croquis, elle me citait ce que l'histoire
raconte de ces pays et des hommes qui s'y sont fait re-

marquer dans les temps les plus reculés. On peut donc dire, sans exagérer, que Zulmé, quoique enfermée dans sa cellule égyptienne, connaissait non seulement l'histoire complète du sol qui l'avait vu naître, mais encore celle du monde entier.

Dans l'après-midi du même jour, nous aperçumes Rhodes ; nous prîmes place dans son port où commencèrent nos relations commerciales avec le Levant. Aidé par un secrétaire aussi habile que l'était la nièce d'Ibrahim, la besogne allait vite, aussi avions-nous tout le temps qu'il nous fallait pour faire marcher de front le service et le plaisir que nous avions à explorer l'île. Zulmé était un cavalier intrépide et adroit ; elle manœuvrait un cheval aussi habilement qu'un maître d'équitation, ce qui m'obligeait souvent à la prier de ralentir sa course, et quoiqu'elle voulut m'être agréable elle ne pouvait, dans l'ardeur de ses mouvements, s'empêcher de me contourner mille fois ; or, un soir, retournant de notre promenade, nous nous trouvâmes dans un champ au moment où douze à quinze bons cavaliers turcs faisaient le *gérid*. Ceux qui ont vu ce manége oriental savent que souvent, dans la frénésie que les Turcs éprouvent à ce jeu, ils aiment toujours à faire quelques espiégleries aux assistants qui les admirent. L'un d'eux, voyant mon compagnon cavalcader autour de moi, lorsque nous étions encore à deux cents mètres de leur cirque, le juge digne de son attention, et se dirigeant aussitôt sur lui ventre à terre, il arrive et lui lance son bâton sans le toucher ; Zulmé, prompte comme la gazelle, le ramasse, vole à la poursuite de l'agresseur fuyant, et lui lançant son javelot à l'instant même où il arrivait au milieu de ses amis, le frappe légèrement au milieu du dos, en lui disant en turc : « Tenez, mon « ami, voilà votre arme, servez-vous en mieux une « autre fois, lorsque vous voudrez faire preuve d'a- « dresse en public. »

Tous les assistants partirent d'un éclat de rire, que le fanfaron prit adroitement de bonne part quoiqu'il fut fort vexé de l'incident. Heureusement pour sa réputation, que ses amis voulurent en essayer avec son vainqueur et qu'ils obtinrent en résultat le même insuccès. Zulmé fut aux anges du défi, malgré mes prières, pour qu'elle n'acceptât pas. « Soyez tranquille, me dit-elle, « c'est une récréation que j'aime et que je fesais chez « moi à la campagne avec mes amies, ne me la refusez « pas ! » — « Zulmé, vous le savez, tout ce qui vous « plaît fait ma félicité ; triomphez donc : mais ne vous « exposez pas, si vous tenez à mon bonheur ! »

Les conditions établies, les champions se mettent aux différents angles du champ, et, à un signal convenu, ils partent, se poursuivent, se lancent le javelot, se manquent à plusieurs reprises, lorsque mon amie ne jette jamais le sien impunément. Prompte comme l'é- clair, Zulmé esquive, en se baissant sur son coursier, le trait qu'on lui adresse ; elle fait plus, elle le ramasse avant qu'on puisse l'atteindre, et finit par toucher, sans l'être, tous ses adversaires avec leurs propres armes. Aussi, confus, mais cependant ravis de tant d'adresse unie à tant de légèreté, tous s'accusent vaincus et rendent hommage à l'étranger comme digne d'être leur maître.

Après nous avoir fait prendre le café de l'amitié et de la réconciliation, nous fûmes salués par eux et par tous les spectateurs enchantés.

Moi-même je l'avoue franchement, fier d'une telle victoire, j'en complimentai Zulmé par l'expression d'une vive joie et en termes les plus flatteurs........ « Mon cher, me dit-elle, votre approbation, bien « qu'elle prenne sa source dans votre généreuse indul- « gence, double cependant mon bonheur; elle est pour « moi le seul plaisir que j'attache à ce triomphe! »

A notre rentrée à bord, cette affaire extraordinaire fut, pendant notre souper, le sujet de la conversation. Ibrahim n'en revenait plus, et moi qui avais suivi, avec anxiété, tous les mouvements de notre amie, je tremblais encore au souvenir de son agilité, lorsqu'aux prises avec ces quinze Turcs, elle évitait leurs coups pour assurer les siens. Non! l'anguille n'est pas plus souple que ne l'était son corps, et la grâce qu'elle ajoutait à son adresse rendait ce spectacle admirable, même aux vaincus.

Toute la ville, que dis-je, l'île entière fut instruite du résultat de ce gérid, et le pacha lui-même voulut voir l'adresse si vantée de cet étranger dont tout le monde fesait l'éloge. Il envoya donc un de ses aides-de-camp à bord de la polacre, prier l'armateur d'aller passer la journée du lendemain à sa maison de plaisance située à une petite demi-lieue de Rhodes, en prévenant que lorsque la chaleur du jour serait supportable, il y aurait un *gérid* auquel il prendrait part avec plusieurs de ses amis, ce jeu étant pour lui une récréation qu'il aimait à la folie. Il espérait aussi que cette fête serait embellie par le vainqueur du dernier tournoi.

Zulmé accueillit cette invitation avec délice, et Ibrahim ainsi que moi nous étions joyeux, espérant lui voir obtenir une seconde fois la palme du triomphe embellie par des applaudissements unanimes. L'aide-de-camp fut bien accueilli et partit pénétré de reconnaissance de l'aimable réception qu'on avait fait au gracieux message du gouverneur.

Nous eûmes, en effet, l'occasion de nous apercevoir, lors de notre visite au pacha, que son envoyé avait encore grandi notre réputation, et que tout ce qu'il lui avait dit de nous avait doublé ce qu'en publiait la renommée

Le lendemain arriva avec tout l'éclat d'un de ces beaux jours si ordinaires sur cette terre promise, et déjà, à huit heures, un envoyé du gouverneur était à bord pour nous servir de guide ; des chevaux richement harnachés nous attendaient sur le quai. Nous partîmes donc, et en sortant la ville une escorte forma la haie, plutôt comme un honneur qu'une nécessité. Arrivé à notre destination, le pacha, qui avait pris les usages du grand monde dans les différentes cours où il était allé comme ambassadeur, vint, avec une grâce exquise, nous recevoir et nous remercier d'avoir bien voulu l'honorer de notre présence ; il nous assura qu'il serait venu lui-même nous visiter à bord, si une affaire importante ne l'en avait empêché ; mais il nous promit de se procurer cette agréable satisfaction le jour suivant. Dire tout ce que son bon accueil avait de poli et d'aisé serait difficile, tant il avait de prévenances à notre égard.

Zulmé avait un costume de mameluk qui lui allait à ravir, elle portait son sabre et ses pistolets avec l'aisance et l'habitude d'un ancien janissaire. Ses dorures, caressées par le soleil, empêchaient les regards de fixer son costume éblouissant de pierreries précieuses; mais ce qui dominait surtout ce luxe de richesses et de bon goût, c'était sa beauté que tout le monde admirait avec extase, son air un peu mâle s'accordait parfaitement avec le son légèrement dur qu'elle donnait à sa voix et déguisait parfaitement ce qu'elle était en réalité lorsqu'elle chantait aux accords du piano ou de la harpe. Tout le monde admirait ce jeune et beau cavalier, au point que je craignais que, tout en flattant son amour-propre, cette attention continuelle ne finit par la fatiguer.

Non, jamais je n'avais vu femme aussi accomplie sous tous les rapports, et au moment où je m'enivrais de cette pensée dans les replis mystérieux de mon âme, Ibrahim vint auprès de moi me demander ce que je pensais de Zulmé. « Ce que j'en pense, lui dis-je !

« La nature pour elle fit si bien les choses,

« Qu'elle a du rossignol le chant harmonieux;

« De la tendre Vénus le type gracieux.

« Et la fraîcheur des roses !

Zulmé qui était sous son bras, ayant entendu ce quatrain, me fit un salut charmant et me dit tout bas :

« Que je suis heureuse que vous soyez si indulgent
« pour moi ! Poli et vertueux, voilà votre devise. »

Les convives étaient nombreux et se composaient des
premières autorités du pays, c'est-à-dire de MM. les
consuls de toutes les nations, des négociants les plus
opulents, et en un mot, de la meilleure société de
Rhodes.

Le goût et le tact du pacha se firent remarquer dans
les préparatifs du festin, comme dans tout ce qu'il avait
fait venir des environs pour que le souvenir de sa fête
fût impérissable.

Dans un champ voisin de son habitation l'on apercevait un grand hangar simplement recouvert en toile,
nul ne savait ce à quoi il était destiné, et ce ne fut
que lorsque le gouverneur jugea qu'il était temps
de nous faire déjeuner, que, nous invitant à le suivre,
il nous désigna du doigt une petite éminence, d'où se
déroulerait à nos yeux un panorama magnifique. Il
ajoutait que cette petite course nous donnerait de l'appétit pour faire honneur au déjeuner, qu'il était heureux
de nous offrir.

Nous prîmes donc cette direction avec un peu de
chagrin ; la distance à franchir reculait en effet l'heure
du repas que nous désirions tous, mais notre amphi-
tryon était si aimable que nous cédâmes de bonne grâce
à son invitation.

Mais bien grande fut notre surprise, lorsqu'arrivant
en face du hangar auquel personne ne faisait attention,
un coup de sifflet se fait entendre, trois coups de canon
éclatent en même temps ; nous nous arrêtons stupé-

faits ; à un second coup de sifflet, le hangar se pavoise extérieurement, des rideaux s'écartent et tous les spectateurs restent enchantés en présence d'une table de cent cinquante couverts, fournie des mets les plus délicieux, des fruits les plus délicats.

Cette salle improvisée était tapissée de verdure fraîche et odorante, décorée avec une symétrie et un goût charmants.

Les applaudissements furent unanimes et notre bruyante gaîté remplit de bonheur et de joie l'inventeur de cette aimable et féerique surprise.

Zulmé était dans l'extase ; elle n'était jamais en effet sortie de son pays et n'avait jamais rien vu de pareil ; ceux même qui avaient beaucoup voyagé crurent être dans le pays et le siècle des enchanteurs ; cette circonstance aurait fourni un vaste champ à la conversation, mais les convives, aiguillonnés par l'appétit et les parfums des mets, ne songèrent bientôt qu'à remplir leurs devoirs.

Zulmé servit d'interprète au pacha et sut par son esprit attirer l'attention générale ; tout ce qu'elle raconta d'intéressant lui attira les compliments les plus gracieux, et tous les honneurs de la fête lui furent dévolus sans réserve.

Le soleil déclinait déjà lorsqu'on sortit de table, on se réjouissait à l'avance de voir bientôt le jeune Turc faire obéir à sa main adroite et à sa volonté ferme son ardent et impétueux coursier Les chevaux fesaient déjà connaître leur impatience et le désir qu'ils avaient d'entrer en lice, par leurs hennissements répétés. Déjà le cirque était occupé et rempli de spectateurs..... lorsqu'un incident malheureux changea la scène agréable à laquelle on s'attendait en une triste et terrible catastrophe dans laquelle, comme au gérid , Zulmé devait se couvrir de gloire et ceindre sur sa tête de nouveaux lauriers.

Zulmé , suivie des cavaliers , entrait dans l'arène et venait de saluer les spectateurs avec la noblesse et la grâce qu'on lui connaît déjà, lorsque des cris « au feu » se firent entendre et que déjà les flammes s'échappant par deux fenêtres de la maison décèlent qu'un incendie est sur le point de dévorer cette superbe habitation. A ce cri et à la vue de ces flammes , tout le monde s'émeut , se trouble , parle , s'agite et cependant rien ne se fait ; Zulmé , seule , dépose ses armes , et semblable à l'épervier qui tombe sur sa proie elle fond sur le lieu du danger , déjà une longue échelle est, par elle , posée sur le côté de la maison où se montre le feu , elle arrive sur le toit , je la suis , ne pouvant la devancer ; armés d'une hache, nous brisons , nous fesons voler en éclats les planchers incendiés. L'eau nous arrive de toutes parts , et en moins de dix minutes nous parvenons à gagner l'élément destructeur. Malheureusement , à l'instant où mon intrépide amie s'avançait pour faire une autre ouverture , la toiture cède et je la vois disparaître à travers une colonne de fumée et de feu ! J'arrive et je suis assez heureux pour la saisir et la retirer des tisons qui l'entouraient ; mais hélas ! toute meurtrie et pleine de contusions. Je la dépose sur un divan , je brise les grillages en bois qui obstruent les fenêtres ,

et je fais disparaitre par elles tous les objets enflammés.
Deux Turcs, de la maison, qui m'avaient suivi, m'aident
avec courage, et à l'aide de l'eau qui nous arrive, nous
parvenons à éteindre ce foyer intérieur que nous n'a-
vions pas vu dès le principe.

Les femmes du pacha éperdues, effrayées, avouèrent
toutes tremblantes à Zulmé, qu'occupées à faire des
gauffres, elles avaient oublié leur poêle pleine d'huile
sur le feu, pour voir entrer dans le cirque ceux qui
devaient lutter, et l'huile s'enflammant, l'incendie
s'était manifesté avec la violence que nous venons de
dépeindre. Après une heure de travail, nous fûmes
assez heureux pour éteindre entièrement le feu, je pris
alors sur mes bras la courageuse Zulmé et j'avisai au
moyen de la transporter en bas où la foule était avide
de savoir ce qu'était devenu le jeune Turc.

L'échelle avait été brisée dans sa chute, après l'arrivée sur le toit des deux braves Musulmans qui m'a-
vaient suivi ; mais nous avions fort heureusement reçu
sur les toits les tuyaux des deux pompes d'incendie
toujours placées devant la porte d'entrée de la maison,
précaution généralement d'usage en Orient dans toutes
les maisons des gens aisés.

Il n'est certainement pas étonnant que personne n'ait
pu nous venir en aide, l'escalier intérieur étant inabor-
dable par l'épaisseur de la fumée qui l'obstruait avant
l'extinction de l'incendie. Aussi nous croyait-on tous
perdus, ce qui fut cause, en nous voyant reparaître, du
cri spontané de joie que laissèrent échapper tous les
assistants.

Le pacha s'empressa de me donner sa voiture où Ibrahim, Zulmé et moi nous embarquâmes et partîmes après avoir reçu de l'aimable gouverneur et de tous les assistants les protestations de reconnaissance les plus flatteuses et les plus amicales !

A notre arrivée sur la polacre, Ibrahim appliqua un appareil sur les contusions de sa nièce qui se trouva beaucoup mieux dès qu'elle fut dans son lit, ce qui nous donna la douce espérance que sous peu elle serait entièrement rétablie.

Le pacha ne se fit pas attendre ; le surlendemain de ce malheureux jour dans lequel dix à douze de ses serviteurs dévoués avaient été asphyxiés dans l'escalier, en venant à notre secours dès l'instant où nous avions disparu sur les toits ; le pacha, dis-je, vint nous voir ; le consul de France l'accompagnait. Ce fut lui qui nous apprit la perte de onze de ses esclaves qu'il regrettait dans ses sentimenis généreux et humains. Il nous dit aussi qu'il n'avait pas voulu venir nous saluer avant l'entière réparation du mal qu'avait causé le feu et que vingt-cinq ouvriers habiles s'en étaient acquittés avec tant de zèle, qu'en ce jour ses femmes ne conservaient de cet accident que le cruel souvenir de la perte qu'elles avaient faite de l'une d'elles, suffoquée par la fumée en cherchant à se sauver dans le corridor conduisant à l'escalier.

Le pacha fut fort aimable, nous lui offrîmes des objets magnifiques en échange des beaux cadeaux dont il s'était fait précéder. Ce brave homme, en m'embrassant, me dit : « Je connais, par le consul votre ami, le prétexte

« injuste dont on s'est servi pour briser votre carrière ;
« par cet acte cruel on a peut-être été fort nuisible aux
« intérêts de l'État . en lui faisant perdre dans le nom-
« bre des sacrifiés , quelques bons officiers qui auraient
« un jour pu rendre d'excellents services au pays ; car,
« que faut-il pour sauver une nation ? un homme !
« Nelson nous l'a prouvé à Trafalgar ! Nelson nous a
« démontré encore à Aboukir qu'un homme peut sauver
« sa patrie, sa gloire et ses intérêts par la défaite de ses
« ennemis. Nelson , à Aboukir , a isolé Napoléon en
« Égypte où , si les Anglais eussent été vaincus , le
« géant des batailles eût fait , ou fait faire par *Tipossaïb*
« ou d'autres auxiliaires, le plus grand mal aux posses-
« sions anglaises dans l'Inde !

« Que fallait-il pour obtenir ce grand résultat ? un
« homme ! Que Villeneuve eût appareillé avec les
« vaisseaux qui ne combattaient pas pour aller écraser
« Nelson ayant eu l'audace imprudente d'attaquer,
« avec toute son escadre , seulement la moitié de la
« nôtre.

« A Trafalgar , que fallait-il pour être vainqueur au
« lieu de vaincu ? un homme ! Que Dumanoir fût venu
« au feu écraser les Anglais abîmés par les braves qui
« se défendaient en héros , un contre deux , un contre
« trois ; mais laissons à l'histoire le soin de juger ces
« malheureuses défaites pour votre grand et glorieux
« pays. Tenez, veuillez remettre cette lettre à mon
« oncle, grand visir, et près de lui, j'espère, vous ou-
« blierez l'ingratitude de celui qui, à l'aide d'une dé-

« nonciation calomnieuse, a détruit, en un seul jour,
« vos espérances.

« Adieu....... adieu! mon affliction est trop grande
« pour vous en dire davantage..... Votre ministre
« apprendra plus tard par expérience que, dans la ma-
« rine principalement, les bons officiers sont précieux;
« car, c'est par leur bravoure, leurs talents spéciaux
« qu'on gagne des batailles, c'est par leur intrépidité
« bien calculée, bien dirigée qu'on obtient une marine
« respectable et imposante qui fait la prospérité et la
« richesse d'un État. La mise en inactivité ou en demi-
« solde de tant d'officiers après les cent jours est donc
« une faute capitale et un acte blâmable vis-à-vis des
« malheureux qui ont été frappés par cette mesure im-
« pitoyable. Adieu donc pour la dernière fois. »

Nos achats et notre vente sur cette place avaient été
considérables, et n'ayant plus rien à faire, nous mîmes
sous voiles, pour diriger notre route sur Smyrne,
laissant dans l'île de bons amis qui nous témoignèrent
combien notre séparation leur coûtait de regrets.

Deux jours après notre départ de Rhodes, nous aperçûmes tout près et au sud de l'île de Nicaria, la frégate
du Capitan Pacha qui fesait l'exercice du tir à boulets.
Comme Turcs nous dûmes lui passer à poupe et mettre
en panne afin qu'Ibrahim allât présenter ses hommages
à l'amiral ministre de la marine et prendre ses ordres
pour Constantinople. Cette manœuvre fut si bien exécutée et d'ailleurs la polacre était si propre, si bien
tenue que le pacha accueillit parfaitement notre arma-

teur et lui montra même le désir de venir visiter son navire. Ibrahim, heureux de cet honneur, lui témoigna toute sa reconnaissance et lui avoua qu'une telle faveur serait pour lui un souvenir qui le comblerait de joie.

L'amiral fit cesser le feu et remettre tout en ordre, ce qui donna le temps à notre armateur de retourner à bord avant que le pacha pût y venir, et de disposer la polacre, et son équipage à recevoir selon son rang un dignitaire aussi élevé.

Deux heures s'étaient déjà écoulées, lorsque nous vîmes enfin notre visiteur se diriger sur nous; aussitôt, profitant du calme, nous serrâmes toutes les voiles, nous hissâmes un pavillon turc en tête de chaque mât et fimes ranger nos hommes debout et en ligne sur les basses vergues.

Cette réception lui fit plaisir, et, après avoir jeté un coup-d'œil sur l'ensemble du navire, il demanda où était le pilote : je m'inclinai. A mon salut il me dit en italien : « Vous êtes bien jeune pour une profession où l'expérience doit être si grande. » Ibrahim lui fit observer qu'officier de la marine française, je n'avais pu obtenir ce grade sans examen et sans l'avoir mérité, que, du reste, si quelque chose de bien sur la polacre avait attiré ses regards de manière à mériter ses éloges, c'était à ce jeune pilote qu'il le devait.

L'amiral me prit alors sous le bras et nous nous promenâmes sur le pont tout en inspectant l'équipage qui, à mon commandement était venu se placer en ligne sur les passe-avant à babord. Après avoir complimenté les matelots, il se rendit dans la chambre où une collation

lui fut offerte et dont Zulmé fit les honneurs avec autant
de tact que de goût. Je la présentai comme mon frère
et comme l'écrivain dn bord. L'amiral , enchanté de
notre gracieuse réception et des récits d'Ibrahim sur
mes observations à l'aide de ma montre et du baromètre.
me pria de lui dire la distance qui nous séparait de la
tache blanche servant de but à son tir : son pilote hau-
turier , disait-il , n'avait pu lui donner cette distance
d'une manière exacte , et dès-lors il avait été impossible de régler le pointage et d'avoir de bons résultats.

« J'avais justement à la main , amiral , lorsque vous
« êtes arrivé, l'instrument avec lequel je mesurais cette
« distance qui est de quatre cent vingt-cinq toises , si
« votre but, comme je le suppose , est d'une toise,
« longueur que j'ai prise pour base à vue d'œil. » L'a-
miral fut enchanté de ma réponse ; car le but avait
réellement la hauteur que je lui avais attribué. Dès-lors
il comprit que la distance que je lui donnais devait être
exacte, ce dont il fut encore plus certain, lorsque je lui
eus montré mon micromètre (de Rochon) et la manière
si simple de s'en servir.

L'amiral passa deux heures à bord et ne s'en fut qu'à
la nuit , nous priant, s'il fesait encore calme le lendemain , de vouloir bien aller déjeuner avec lui. Ce désir
était un ordre auquel il fallait bien se garder de man-
quer ; Ibrahim le savait et du reste il était si riche qu'il
tenait moins à l'argent qu'aux honneurs dont il était
avide, et celui de diner avec le chef de la marine , qui ,
de plus , était beau-frère du sultan , était trop grand
pour qu'il laissât échapper une faveur aussi flatteuse.

Cette invitation, jointe à la visite amicale de la veille, devait, on le conçoit, rendre Ibrahim à jamais important aux yeux de son équipage et de ses amis.

La nuit fut belle, comme cela arrive presque toujours en été dans l'archipel. Des folles brises venaient de temps à autre nous sortir de l'inaction où le calme nous retenait : mais elles étaient si légères, si faibles qu'elles ridaient à peine la surface des eaux.

Au point du jour nous aperçumes un brick de guerre français assez rapproché pour nous demander à la voix quelle était la frégate que nous avions sur l'avant. J'étais sur le pont et je donnai au questionneur toutes les satisfactions nécessaires à sa curiosité ; mais, pendant ce colloque, je crus remarquer que ce timbre de voix ne m'était pas inconnu. Aussi, dès que le jour le permit, ma longue vue me fit reconnaître un de mes bons amis, qui, de son côté, m'ayant aussi reconnu, fit armer sa yole et arriva à bord avec la plus grande célérité.

Zulmé, présente à nos embrassements, crut que je venais de trouver un frère : aussi l'accueillit-elle comme si c'eût été le sien. Je m'empressai de lui apprendre que ce capitaine français était un de mes anciens amis d'enfance...... Prenant immédiatement la parole, cet ami lui dit : « Votre pilote est un de mes « meilleurs collègues ; plus favorisé que lui, je dois à « ma naissance et à la haute position de ma famille « auprès du nouveau gouvernement les faveurs que « mon brave et digne ami méritait mieux que moi. « C'est une chance heureuse que je dois purement aux

« circonstances actuelles et politiques de notre patrie ;
« mais il est vraiment malheureux et désolant que des
« divergences d'opinion privent l'État de bons et loyaux
« officiers ; plus qu'un autre mon ami connaissait la
« religion de l'honneur, et si cet absurde préjugé n'en
« avait point fait une victime, sa carrière eût été noble
« et glorieuse. »

Je remerciai mon ami de tout ce qu'il disait d'aimable et de flatteur sur mon passé ; je lui avouai que la bonté avec laquelle il agissait envers moi me consolait de mes revers ; car, depuis ma mise en inactivité, ce qui m'avait beaucoup peiné c'était d'avoir vu presque tous ceux que je connaissais, m'éviter et me fuir comme un lépreux. Il est vrai que le plus grand nombre craignait pour sa position et son avenir ; mais au fond du cœur ils m'aimaient encore, et leur amitié sincère, s'élevant au-dessus de ces ridicules considérations, me fesait oublier mon infortune.

Huit heures venaient de sonner sur la frégate et j'engageai mon ami à faire une politesse à l'Amiral, en saluant le pavillon de commandement qu'il venait de hisser à son grand mât. Le commandant du brick me fit observer qu'il fallait avant traiter du salut ; je le rassurai sur ce point, en ajoutant que la France n'avait pas besoin de conditions pour être polie, et que, d'ailleurs, je me fesais garant de la réponse à son salut coup pour coup. Sur cette assurance il hella à son second de tirer dix-neuf coups de canon en l'honneur du Capitan-Pacha, en arborant le pavillon turc en tête du grand mât. Cet ordre fut immédiatement exécuté et la frégate répondit à cette politesse d'étiquette et de bon goût.

J'engageai mon ami le marquis de la V. G. à se rendre à bord de la frégate pour faire sa visite à l'Amiral. Une heure après il était de retour et venait me rappeler qu'à dix heures précises nous étions attendus pour déjeuner. Il n'avait pu, de son côté, refuser l'invitation de l'Amiral qui, en le quittant, lui avait serré affectueusement la main, et comme l'heure approchait il nous engagea à faire nos préparatifs de départ.

Ibrahim, auquel je présentai mon ami, partagea ma joie et l'accueillit avec toute la bienveillance qui caractérisait son noble cœur.

A l'heure précise nous montâmes sur la frégate, au son d'une musique assez bien organisée ; un détachement était sous les armes et nous rendit les honneurs militaires. Nous traversâmes le gaillard arrière accompagné par l'état-major qui nous conduisit jusqu'à la porte de l'Amiral, et après les compliments d'usage nous prîmes place à table.

L'étiquette qui paralyse la gaîté fut bientôt abandonnée par l'invitation que nous en fit le Capitan-Pacha ; à son exemple, la conversation s'anima Je commençai déjà, grâce à Zulmé, à parler le turc, mais comme le Pacha savait l'italien nous nous comprîmes facilement. Zulmé parla de la nation turque et de sa gloire passée, de ce qu'elle était et de ce qu'elle pourrait être : elle émerveilla tout le monde.

« Si j'étais à la tête de cinquante mille Musulmans, si
« je les avais instruits comme je l'entends, je jure par

« ce que j'ai de plus cher que la Turquie serait libre et
« affranchie de toute domination, de toute influence
« étrangère. » Comme elle avait donné une idée de son
nouveau système de stratégie, l'Amiral qui avait appré-
cié sa théorie sur l'art de la guerre, la remercia et lui
dit : « Monsieur est donc Turc, puisqu'il tient tant aux
« réformes et aux progrès de cette nation ? » — « Je
« n'ai point cet honneur, répondit-elle, mais je vou-
« drais maintenir si bien l'équilibre en Europe qu'il
« devînt impossible aux forts et aux ambitieux d'oppri-
« mer les faibles et de réaliser leurs rêves de conquêtes.
« On ne verrait pas ainsi, et comme conséquence fâ-
« cheuse d'un tel désordre, l'intrigue et la médiocrité
« s'élever au détriment du mérite et de la vertu. »
Comme elle allait parler de moi, je lui dis tout bas :
« Je prends acte de votre parole : si vous n'êtes plus
« Turque, j'espère qu'en renonçant au mahométisme
« vous embrasserez la religion de votre ami, et quoique
« notre amitié ne puisse plus grandir, elle n'en sera
« cependant que mieux cimentée et nous donnera le
« doux espoir de ne plus nous quitter, même dans l'au-
« tre monde. » Elle rougit, et tout en souriant, elle me
dit avec une douceur angélique : « Vous savez bien que
« je ne puis plus suivre, même pour aller au ciel,
« d'autre route que la vôtre !.... »
Cette sublime réponse me remplit d'une joie délicieuse, enivrante, je la savourai pendant quelques
instants, et remis de mon émotion je m'exprimai ainsi :
« L'innovation stratégique que présente Monsieur (je

« désignais Zulmé) me paraît excellente, cependant je
« crois que quelques détails auraient besoin de perfec-
« tionnement.

« Nous avons lu, dans presque toutes les descriptions
« des batailles, que les carrés d'infanterie bien défen-
« dus avaient toujours repoussé les attaques de la cava-
« lerie, même supérieure en nombre. « La bataille des
« Pyramides, d'immortelle mémoire, en est un exem-
« ple frappant, si l'on se souvient de l'acharnement
« avec lequel les Mameluks se précipitaient sur ces
« murs d'airain hérissés de bayonnettes. Cette ter-
« rible et redoutable cavalerie, malgré son fanatisme
« ardent et sa bravoure désespérée, vit expirer ses
« prodiges de valeur devant la calme intrépidité de nos
« soldats. Il n'est donc point nécessaire de démontrer
« davantage que les charges de la cavalerie soient inu-
« tiles sur un carré bien formé et bravement défendu. »
« Si j'ai quarante-huit mille hommes, par exemple.
« rangés en carré, chaque face en présentera douze
« mille. Si ces hommes sont des soldats d'élite habitués
« à manier le fusil, le cheval et le canon, je puis et je
« dois résister à la meilleure armée du monde. Divisés
« par compagnies de cent hommes, chaque compagnie
« aurait dix chevaux et un obusier de quatre. Trois
« chevaux suffisant pour faire évoluer la pièce, il m'en
« reste sept qui serviraient au besoin aux cavaliers.
« Ces quarante-huit mille hommes, se défendant en un
« ou plusieurs carrés, présenteraient, outre leurs
« bayonnettes, quatre cent quatre-vingts pièces qui,
« bien servies et habilement pointées, écraseraient les

« assaillants assez audacieux pour braver leur feu. Si je
« développe ensuite mon armée en ligne de bataille,
« j'aurai trois mille trois cent soixante cavaliers et
« quatorze cent quarante artilleurs ,il me restera,
« comme vous le voyez, une masse d'infanterie qui me
« permettra d'attaquer et de vaincre des forces bien
« supérieures. Eh ! croyez-le bien , avec une armée
« combinée de pareils éléments je pourrais conquérir le
« monde ! »

J'allais continuer l'exposition d'autres principes de
défense et d'attaque, lorsque Zulmé, pleine d'enthousiasme , se leva spontanément et sans me donner le
temps d'achever, me dit : « De grâce , je vous supplie ,
« formez cette armée , j'aspire à l'honneur d'être l'un
« de vos lieutenants ; je comprends trop bien l'impor-
« tance de vos nouvelles théories pour ne pas mettre
« mon zèle et mon dévouement à votre disposition , et
« si votre système n'est pas connu lorsque vous l'exé-
« cuterez, la victoire sera la compagne fidèle de votre
« drapeau. »

L'Amiral et ses convives applaudirent aux nobles paroles de Zulmé et m'embrassant avec effusion me dit :
« Si les Osmanlis ne sont plus aujourd'hui ce qu'ils ont
« été sous Mahomet, sous Solliman II , vous, à leur
« tête, pourrez les régénérer et leur rendre bientôt
« leur gloire passée ! Du reste, Messieurs, » ajoutai-je ,
après avoir remercié l'Amiral de tout ce qu'il venait de
m'adresser de flatteur, « je vous ai donné le plan
« général, me réservant , suivant les circonstances,
« l'espace de terrain et les positions occupées par l'en-

« nemi, d'agir, s'il devenait nécessaire, suivant d'au-
« tres dispositions.

« Oui ! c'est en présence de l'ennemi que je calcu-
« lerais si je dois l'attaquer avec mes forces massées,
« ou si je dois en détacher un ou plusieurs carrés pour
« le foudroyer en même temps sur différents points,
« ou enfin les conserver en réserve. »

A ce mot de réserve, l'Amiral me dit avec joie : « Oui,
« mon ami, une réserve, c'est toujours ce qui a décidé
« de la victoire partout où Napoléon combattait. Cette
« sage précaution de sa part levait toujours toutes les
« difficultés. »

— « Je suis de votre avis, Amiral, cependant permet-
« tez-moi de vous faire observer que le grand homme
« dont vous parlez connaissait d'une manière exacte le
« terrain sur lequel il opérait. Aussi, pour ne point
« laisser échapper son ennemi et l'isoler de tout se-
« cours, détachait-il des corps qui barraient toutes les
« avenues et ramassaient les fuyards : mais, ne pou-
« vant compter sur un génie semblable, j'ai imaginé
« un mode de stratégie qui donnera à l'armée ainsi
« exercée, la force de combattre avec succès tous les
« ennemis qui oseraient l'attaquer. »

— « Vous êtes un homme trop utile au Sultan mon
« maître, me répondit l'Amiral, pour que l'amitié et
« les liens du sang qui m'attachent à ses intérêts ne
« me fassent pas un devoir de lui parler de l'admirable
« plan que vous venez de me communiquer et que je
« crois exécutable sous votre habile direction. Dans
« l'intérêt de mon pays, je vous prie donc de rester

« avec moi, ainsi que le jeune homme, votre ami, qui
« vous est si dévoué et qui vous comprend si bien. La
« facilité avec laquelle il parle le turc, son mérite et
« sa bravoure en font un auxiliaire indispensable aux
« succès de vos entreprises. De grâce, ne me refusez
« pas la faveur que je sollicite et soyez persuadé que le
« Grand Seigneur vous traitera en ami et non en subor-
« donné. Il est trop reconnaissant pour ne pas vous
« associer à la gloire, que votre zèle et vos capacités
« peuvent répandre sur sa nation attaquée et dévastée
« de toutes parts. » L'Amiral, s'adressant à Ibrahim,
le conjura de m'exciter à suivre ses conseils.

Que faire, je le demande, pour résister à des démar-
ches aussi honorables, moi surtout qu'animaient
l'amour de la gloire et le désir de protéger l'opprimé.
Je voulais enfin assurer le bonheur et la prospérité des
nations en établissant par la paix et pour chacune d'elles
les relations commerciales les plus étendues, et puis
jouir dans une vie calme et heureuse du résultat de mes
travaux. J'acceptai donc avec empressement l'offre qui
me mettait sur la voie de réaliser ces projets et ces
désirs.

Il était deux heures lorsque nous sortîmes de table,
les trois bâtiments étaient près d'un mouillage excellent,
servant parfois de refuge aux pirates qui, du haut des
îlots que nous apercevions (fourmies de Nicaria plus
près de cette île que de Samos) pouvaient observer à
leur aise les navires de commerce en vue. La brise venait de s'établir au sud, excessivement faible, le ciel
venait de se charger dans le nord, et comme nous étions

au solstice d'été, je dis à ces messieurs que cette époque s'annonçait souvent par un fort coup de vent. Je les engageai donc à profiter pour la nuit de la bonté du port que nous offrait la côte. Tout le monde fut de mon avis, car j'avais déjà, comme on le sait, inspiré à Ibrahim une grande confiance. Nous regagnâmes donc chacun notre bord, et profitant de cette brise providentielle nous atteignîmes notre mouillage. Nous mîmes tous trois un câble à terre, nous empennelâmes notre ancre, et les mâts de perroquets furent dépassés; car le baromètre était, à notre arrivée, descendu à grande pluie. Quatre heures sonnaient sur la frégate, lorsque les trois bâtiments furent non seulement ancrés, mais encore amarrés à terre. Je me rendis, accompagné d'Ibrahim et de Zulmé, à bord de l'amiral et du commandant mon ami, pour les inviter à venir avec nous caler nos filets et nos paniers et tuer quelques perdrix qui abondent dans ce groupe d'îles. Ces messieurs acceptèrent avec plaisir, et après avoir laissé à leur bord l'ordre de mettre les embarcations à la mer, nous partîmes dans le petit rafiau dont je me servais pour la pêche et que le mousse conduisait facilement.

Nos filets tendus et nos paniers déposés en bon lieu, nous sautâmes à terre et entrâmes en chasse. En moins d'une heure, nous avions abattu des perdrix, des lapins et des lièvres en tel nombre que nous fûmes obligés de retourner au bateau pour remettre notre gibier au mousse; mais quel ne fut pas notre étonnement! le mousse avait disparu; nous l'aperçûmes peu de temps après venant à nous en courant de toutes ses forces.

Dès qu'il nous eût rejoint, il nous dit être allé visiter le
rivage d'où il apportait quelques coquillages. Il nous
apprit aussi qu'au moment où il allait tourner la pointe
qui nous séparait de l'anse voisine, il avait entendu
parler derrière le rocher en langue grecque, et comme
c'était la sienne, il s'était arrêté immédiatement et avait
saisi ces paroles : « Amis, partons, ou nous sommes
« perdus, ces bâtiments apercevront nos mistics, ils
« nous visiteront et verront bientôt qui nous sommes,
« et alors que deviendra la jolie femme prise hier sur le
« brick autrichien que nous avons dévalisé. Je vous le
« demande, que deviendra cette femme enfermée,
« attachée dans la grotte vis-à-vis la polacre ? — Ce
« qu'elle deviendra, dit un autre voleur de mer, que
« m'importe son avenir ! ce qui m'inquiète, ce sont les
« richesses confiées à cette grotte après avoir assassiné
« le vieux capitaine autrichien qui défendait son bâti-
« ment et cette femme avec tant de bravoure. —
« Malheureux ! votre avidité pour l'or et les richesses
« vous a empêchés de m'aider à triompher de cette
« femme sévère, et votre indifférence pour la beauté,
« que dis-je, votre fausse pitié pour cette vierge sera
« cause que je serais obligé de la tuer si elle ne cède à
« mes passions ! Il n'est plus temps de fuir, où irons-
« nous avant la nuit, avant la tempête qui nous menace ?
« J'aime donc encore mieux me faire tuer en me battant
« contre des forces supérieures que de lutter contre
« l'ouragan. Au surplus, nous n'avons pas été décou-
« verts, puisque ces chasseurs retournent à leur bord.
« Attendons la nuit et je me charge d'aller, suivant la

« direction de l'orage, couper les amarres de terre ou
« les câbles, afin que, tombant l'un sur l'autre, tous
« ces bâtiments venus si mal à propos s'abordent et
« après s'être bien avariés puissent s'échouer sur la
« côte. Malheureusement ils ne périront pas, cette rade
« est trop bonne ; mais au moins l'abordage et l'é-
« chouage, en les occupant, me fourniront l'occasion
« de me venger du mal que m'ont fait les navires de
« guerre. Oui, je serais heureux d'incendier la frégate
« du Capitan-Pacha et de me chauffer à un feu qui ferait
« la terreur et le désespoir de mes ennemis. »

« — Ta méchanceté nous portera malheur, lui ré-
« pondit un autre, hier encore et pour suivre tes bar-
« bares conseils nous avons massacré l'équipage du
« brick que nous avons coulé bas. Pourquoi nous livrer
« au carnage, lorsqu'il nous serait si facile de rançonner
« seulement ceux que nous arrêtons ? Je veux user
« enfin de mon autorité pour contenir ta barbarie. Va
« aux mistics, et pour nous nous allons voir ce que sont
« devenus les chasseurs. »

Le mousse nous dit qu'il s'était alors sauvé à toutes
jambes et que dans la fuite il avait remarqué une grotte
d'où s'échappaient des cris plaintifs.

Ce récit nous irrita tellement que, ne voulant pas
retarder d'une minute le châtiment mérité par ces in-
fâmes écumeurs de mer, nous embarquâmes à la hâte
dans notre barque et nous arrivâmes promptement à
nos bords respectifs d'où sortirent comme par enchan-
tement toutes les embarcations armées en guerre.

Les trois chaloupes et deux grands canots furent

droit aux mistics, que nous aperçûmes en doublant le cap qui nous séparait de l'anse où étaient les pirates. Cinq autres embarcations débarquèrent auprès de la grotte découverte par le mousse, enfin les cinq derniers canots prirent terre sur le rivage opposé aux mistics et devaient empêcher la fuite des navires et des pirates.

Nos ennemis ainsi entourés et coupés sur mer et sur terre s'acculèrent sur un mamelon et se défendirent dans cette position tant qu'ils eurent des munitions. Mon ami qui commandait en cet endroit les serra de si près qu'à l'exception d'un seul blessé grièvement tous les autres furent tués ; mais il eut à regretter la mort de cinq braves marins ; il n'avait qu'un petit nombre de blessés.

L'attaque des mistics m'était réservée, je sautai à l'abordage en recommandant à mes hommes de n'employer que l'arme blanche et surtout le poignard : aussi la mêlée fut terrible, et comme leurs camarades restés et surpris à terre, ils périrent tous, sauf un scélérat qui, sauvé providentiellement de cet horrible carnage, voulait en mourant détruire tout d'un coup ses ennemis en déchargeant son tromblon sur la soute à poudre. Ibrahim eut à peine le temps de relever l'arme, en lançant son pistolet sur la figure du bandit ; désespéré d'avoir échoué dans son infernal projet, il se jette à la mer, et grâce à la nuit qui se fesait, il aurait échappé si Ibrahim et deux hommes ne l'avaient poursuivi en se jetant dans une embarcation : étourdi par un coup d'aviron, il fut saisi et garotté ; mais Ibrahim, le voyant blessé et hors d'état de se mouvoir, recommanda d'user

envers lui de quelques ménagements. Aussi, le scélérat, quelques minutes plus tard et pendant qu'on répa-
rait les désordres, suites inévitables du combat, put
s'échapper et se soustraire à nos recherches. Dans cette
affaire sanglante, un officier turc seulement avait perdu
la vie, et nos canots ramenèrent à bord dix hommes
blessés.

Zulmé, à la tête d'un détachement nombreux de
tirailleurs, poursuivaient les ennemis qui, au lieu de se
masser comme ceux que combattait avec vigueur le
commandant du brick, s'étaient éparpillés et donnaient
à leurs assaillants beaucoup de peine. Zulmé, cependant, parvint à les réduire en suivant le conseil que je
lui avais donné, c'est-à-dire de faire grouper ses tirailleurs par deux ou par quatre en carré, lorsqu'ils seraient
attaqués par un nombre double ou triple. Ils pouvaient
ainsi attendre de prompts secours du carré général de
réserve. C'est par ce moyen que tous les pirates furent
tués en détail, tandis que Zulmé n'eut que deux hommes
tués et sept blessés dans ces divers engagements. A la
nuit faite, nous avions entièrement triomphé de ces
bandits qui fesaient la terreur des navires de commerce.

Cette importante expédition terminée, nous rentrâmes
à bord avec les blessés que nous entourâmes de soins
les plus empressés. Les morts avaient été déposés à
l'entrée de la grotte, où nous trouvâmes une belle et
jeune femme amarrée, dans un état de nudité presque
complet, sur une espèce de banc dont les pieds étaient
enfoncés avec force dans la terre. Je m'empressai de
couper ses liens, de lui donner ses vêtements et je la

confiai, en sortant de cet horrible lieu, aux soins de Zulmé.

De tous ces maudits pirates un seul existait encore, et c'était le plus à craindre pour la sûreté des navires, en cas de mauvais temps ; car sa haine et sa fureur devaient être épouvantables dès qu'il ne retrouverait plus sa victime dans la grotte.

Je ne sais comment firent ceux à qui Ibrahim l'avait confié, le fait est que le marin préposé à sa garde, le croyant mort, le démarra et le laissa pour aider ses amis à l'enlèvement du dernier mistic. Ce fut dans cet instant que ce scélérat sauta à l'eau, plongea et disparut à l'aide de la nuit.

Informé de cette évasion, j'appelai immédiatement quinze hommes d'élite et je leur recommandai de se bien armer, de garder soigneusement nos amarres de terre et de saisir et garotter le pirate qui viendrait sans doute les couper. Cinq d'entr'eux devaient se cacher dans la grotte. A neuf heures, ces derniers y virent pénétrer le bandit, ils croyaient déjà le tenir et ils entrèrent au moment où ils présumèrent qu'il devait être rendu au fond de la grotte ; mais le scélérat, entendant le bruit des pas et connaissant les lieux, se cacha près de son entrée même, pour sortir dès que le dernier des nôtres aurait passé devant lui. C'est alors que, voulant laisser un souvenir cruel de sa vengeance, il brisa la tête d'un coup de hache à ce dernier et se sauva encore malgré une blessure que lui fit, au sortir de la grotte, le chef de ces marins. Impatient de couper les amarres, la rage dans le cœur, irrité par les souffrances que lui

causait sa blessure, il arrive sur le rivage avec d'autant moins de précaution qu'il croyait trouver les câbles sans gardes. Il avait déjà levé son bras pour frapper, lorsqu'un vigoureux Ragusai, mon homme de confiance, le saisit par derrière, l'étreignit dans ses bras, le souleva à perdre terre et lui fit pousser un cri terrible, tant était grande la douleur qu'il éprouva sous cette main de fer. A ce cri, tous les matelots arrivèrent, l'attachèrent solidement, appelèrent une embarcation, et dix minutes n'étaient pas écoulées que le prisonnier était déposé dans la chambre de la polacre. Dès que la jeune femme que nous avions sauvée aperçut ce misérable, elle lui dit avec fureur : « Tu ne mérites que mon mé-
« pris ; car tu n'as jamais osé, dans tes lâches attaques,
« me donner une arme égale à la tienne et te mesurer
« avec moi ; tu étais trop scélérat, il te fallait une vic-
« time facile et qui ne put te faire courir aucun danger.
« Messieurs, je vous le demande en grâce, qu'on le
« délie, qu'on lui donne un poignard comme celui-ci
« et qu'on nous laisse combattre !.. , Défends-toi, ou
« tu es mort.... » J'arrêtai cette noble dame dans son élan héroïque et lui observai que l'Amiral, informé déjà de la capture de ce pirate, avait seul le droit de prononcer sur son sort. En effet, nous reçûmes l'ordre à l'instant de le pendre immédiatement au bout d'une vergue.

A cette nouvelle, le criminel se laissa tomber à genoux, demanda grâce, fit l'aveu de ses crimes, nous éclaira sur le nombre de ses compagnons et nous donna tous les renseignements que nous crûmes devoir lui demander. Affaibli par la perte du sang qui jaillissait

parfois avec force de sa blessure, il nous dit : « Si pour
« la première fois de ma vie j'ai fui le combat, en quit-
« tant les mistics, lorsque vous les abordiez, c'est que,
« n'ayant pu les faire sauter par le coup de tromblon
« qu'on m'a empêché de décharger sur la soute aux
« poudres, j'ai voulu, en fuyant, conserver ma vie pour
« couper les câbles des bâtiments, afin que l'ouragan
« fît le reste. Je devais aussi aller aux mistics pour les
« incendier, si l'ouragan n'avait pas réalisé mes espé-
« rances. Mais qui pouvait supposer que vous eussiez
« deviné mes intentions ? Qui pouvait imaginer que
« vous aviez tout prévu ? Maintenant je me résous à
« mon sort, ne me faites donc plus souffrir, exécutez
« la sentence et vous éteindrez en moi toute une fa-
« mille ; j'ai tout perdu : et le dernier descendant du
« grand Zotocof va mourir sur l'échafaud : ainsi soit
« puisque Dieu l'a décidé !.... » A ces mots il tomba
évanoui !.,.. « Oh Ciel ! mon frère ! s'écrie aussitôt
« notre nouvelle amie : mon frère ! lui qui avait fui la
« maison paternelle pour avoir tué un prince russe en
« duel, et que je croyais mort ; oh ! sauvez-le, mes
« amis, rendez-le moi, je vous en supplie, je vous en
« conjure. Oh ! mon pauvre frère ! quelle affreuse destinée ! » Inondée de larmes, elle se jette dans mes bras, et
dominant à peine mon émotion, je donnai l'ordre de le
transporter dans le faux-pont et panser sa blessure avec
le plus grand soin. Le médecin français nous dit que
bien qu'elle fût grave elle ne présentait aucun danger
sérieux. Des soins et du repos devaient amener une
prompte guérison. Il reprit ses sens peu à peu et on le

laissa en repos, tout en l'entourant d'une active surveil-
lance et chacun se rendit à son bord.

Il était près de minuit lorsque la lune fatiguée d'avoir
éclairé ces sanglantes scènes disparut. Les nuages
amoncelés sur nos têtes nous menacèrent d'un véritable
déluge ; je fis immédiatement hisser les embarcations,
appliquer les tangons le long du bord, brasser en pointe les vergues, débarrassées de leurs bouts-dehors,
coucher les bonnettes sur les drômes ; j'ordonnai de
tenir les ancres de veille prêtes à mouiller ; en un mot,
tout était disposé pour que les bâtiments présentassent
le moins de surface et de résistance à l'orage qui allait
éclater.

Ces précautions étaient à peine prises que les éclairs
suivis des éclats de la foudre embrasaient le ciel ; l'horizon était en feu. Le tonnerre grondait avec un fracas
si violent qu'on aurait cru entendre les détonations de
mille canons tirant par bordée. L'ouragan, précédé par
des rafales mugissantes, poussait, renversait tout ce
qui ne pouvait lui résister.

Affourchés N.-O. et S.-E., une ancre de veille en
troisième point d'appui, nos bâtiments soutenaient
fièrement les efforts d'un furieux vent de N.-E., ils
s'inclinaient comme s'ils allaient sombrer ; mais se re-
levant aussitôt, ils revenaient d'eux-mêmes, debout au
vent par la tension des câbles. C'est dans ces moments
terribles que le vrai marin se félicite d'avoir été pru-
dent et de n'avoir rien négligé pour la sûreté de son
navire et des hommes confiés à son expérience. Cet
horrible temps ne pouvait durer, il devait disparaître

dans sa violence même , aussi et après une demi-heure,
une pluie forte et battante calma tout-à-fait l'impétuo-
sité du vent.

Au point du jour il ne restait aucune trace de l'orage,
et les premiers rayons du soleil caressaient amoureuse-
ment le rivage et scintillaient sur la mer dont la surface
ressemblait aux plus belles glaces de Venise. Nos équipages descendirent à terre pour enterrer d'une manière
solennelle leurs camarades qui avaient trouvé la mort
sur le champ d'honneur. La musique jouait des airs
lugubres, et les tambours , par leurs roulements , portaient la tristesse dans tous les cœurs.

Après leur avoir donné notre dernier adieu , nous
rentrâmes à bord. La frégate turque et le brick français
envoyèrent des embarcations pour prendre les mistics.
La journée se passa à l'installation de ces trois navires
qui furent bientôt mis en état de reprendre la mer. Le
soir même, mon ami devait appareiller, accompagné de
sa prise, et se rendre à Rhodes où il avait une mission
à remplir. Je l'embrassai et lui fis mes adieux, après
lui avoir donné une lettre pour l'excellent Gouverneur
dont je me rappelais avec délice l'excellent accueil.
Nos larmes se mêlèrent sur nos joues, et nos cœurs, en
battant l'un sur l'autre, exprimèrent le bonheur que
nous avions éprouvé en nous retrouvant, ainsi que le
chagrin que nous ressentions en nous quittant. La brise
était au nord et le brick disparut bientôt à mes yeux.

Le lendemain, au point du jour , je me séparai d'I-
brahim pour me rendre à mon nouveau poste ; l'Amiral
m'ayant prié d'accepter auprès de lui les fonctions

d'Aide-de-Camp. Chercher à dépeindre la douleur de nos adieux serait impossible : le langage humain est trop pauvre en comparaison de celui du cœur ! mais le lecteur qui a pu apprécier les belles et nobles qualités du digne oncle de Zulmé qui s'attachait à mon sort, me dispensera de l'associer au chagrin que nous éprouvâmes !.. ..

Ému de mon affliction , Ibrahim eut assez de force pour nous donner des consolations , et l'Amiral satisfait de sa noble conduite , dans cette pénible circonstance , lui promit de ne pas s'éloigner de la polacre pendant notre navigation. Cette bienveillance finit par remettre la tranquillité dans nos cœurs et nous nous décidâmes tous à mettre à la voile.

Zotocof resta sur la polacre , on lui apprit avec tous les ménagements dus à son état, que la malheureuse femme dont il voulait faire sa victime était sa sœur. Indigné de sa conduite, il voulait se détruire, et il aurait accompli son projet si les tendres caresses de la bonne Ida, ne l'en avaient empêché. Les richesses trouvées dans la grotte furent embarquées comme appartenant à cette charmante femme , et tous les jours nous étions informés de ce qui pouvait nous intéresser, la polacre se tenant à portée de voix de la frégate.

A notre arrivée aux Dardanelles , le vent du nord et des courants rapides nous obligèrent à nous arrêter à Bezika, rade excellente où les navires qui se rendent à Constantinople attendent le retour des vents du sud pour continuer leur voyage.

Dès que nous fûmes mouillés , Zotocof, sa sœur et

Ibrahim se rendirent auprès de nous. Elle nous apprit
alors que, fille d'un des plus riches négociants de Var-
sovie, son enfance et celle de son frère, plus âgé qu'elle
de cinq ans, avaient été des plus heureuses ; leur éducation avait été des plus brillantes, et dirigée par les
meilleurs maîtres. La réputation de son frère parvint
un jour à la connaissance de l'Empereur qui le prit pour
Aide-de-Camp ; et ce jeune homme lui était si utile qu'il
siégeait avec lui dans les conseils, l'accompagnait à la
guerre, et partout enfin où allait ce grand Souverain.

Les courtisans furent bientôt jaloux des faveurs
accordées à Zotocof, aussi jurèrent-ils sa perte. Pour
réussir, ils mirent tout en jeu pour le brouiller avec un
jeune prince de son âge, fils naturel du noble monarque:
un duel fut la conséquence de ces machinations, et
Zotocof n'eut rien de mieux à faire que de prendre la
fuite, lorsqu'il vit son adversaire mort à ses pieds. La
mère du prince fut aussitôt demander la tête de celui
qui avait ravi à son amour le seul fils qu'elle adorait
avec d'autant plus d'ardeur, qu'il était le résultat de sa
faiblesse pour un Souverain tendrement aimé. « J'espère,
« disait cette femme désolée, que tout ce qui porte le nom
« de Zotocof me sera sacrifié » : et dès cet instant tous les
membres de cette famille furent envoyés en Sibérie.

La belle Ida, seule, put s'échapper, emportant avec
elle des valeurs considérables, et parvint à se réfugier
à Vienne, où, se procurant un passeport sous un autre
nom, elle se livra à des opérations commerciales qui
doublèrent promptement sa fortune. A l'aide d'amis
sincères et dévoués, elle fournit à ses parents tout l'ar-

gent dont ils avaient besoin ; mais la captivité et la rigueur du climat mirent bientôt fin à leur triste existence.
A cette malheureuse nouvelle, Ida plaça sa fortune sur
différentes banques et se mit à voyager par goût et pour
surmonter ses chagrins, et c'est en revenant de l'Inde
avec une magnifique cargaison qu'elle fût prise par les
pirates et délivrée par nous dans la grotte.

Zotocof, après son duel, s'était sauvé en Perse ; là, il
avait appris la mort de toute sa famille et la confiscation
de ses biens ; il crut être seul sur la terre. Le désespoir
dans le cœur, il vint dans l'archipel et rencontra malheureusement l'un de ses anciens camarades d'enfance,
qui, comme lui, mais pour des motifs appartenant à la
haute politique, avait perdu tous ses parents en Sibérie.
Cette communauté de malheurs, en ravivant leur ancienne amitié, leur fit jurer une haine éternelle aux
Russes ; aussi ils armèrent un mistic et pillèrent de pré-
férence les navires moscovites ; la vengeance seule ar-
mait son bras : mais, cédant enfin aux sollicitations de
cet infâme ami, il était devenu forban et s'était associé
à ses crimes.

C'est dans cette déplorable situation qu'il rencontra
sa sœur, dix ans après sa fuite de Moscow.

Tous deux avaient bien changé, et ce qui les avait
empêché surtout de se reconnaître, c'est que l'un et
l'autre ne parlaient plus l'idiome russe ; Zotocof se
disait Persan et parlait fort bien les langues grecque,
italienne et française. De son côté et bien qu'elle fût
familière avec plusieurs langues, Ida ne parlait que
l'italien. Mais, lorsque, aidant le médecin à panser le

pirate, elle aperçût sur son bras les armes de sa famille, elle reconnut son malheureux frère. A cette époque, Zotocof avait trente ans, il était comme sa sœur fort bien constitué et d'une beauté ravissante.

L'Amiral, qui, sur mes prières, lui avait accordé sa grâce, les accueillit avec bonté et me dit : « Il semble « que Dieu veuille choisir vos lieutenants ; car en « voilà deux qui sont riches en talents et en bravoure ; « aussi j'ai pleine confiance en vos succès. » Je le remerciai avec effusion et lui promis de faire tous mes efforts pour justifier la haute opinion qu'il avait sur mon compte. Ida et son frère renouvelèrent à l'Amiral leurs protestations de dévouement absolu, et promirent de m'aider de tous leurs moyens. Zotocof, qui avait déjà fait la guerre sous les drapeaux du Czar, travailla avec Zulmé notre nouvelle théorie. Ida nous donnait aussi de grandes espérances ; tout en elle démontrait qu'elle serait brave comme son frère ; je m'estimais donc très-heureux d'être ainsi entouré.

En attendant les vents favorables, nous allions presque tous les jours visiter cette magnifique contrée. Quel beau pays que l'Asie turque ! c'est la terre promise ! la végétation en est magnifique ! « Pourquoi, « dis-je à l'Amiral, vous qui êtes beau-frère du Sultan, « ne lui donnez-vous pas le conseil de protéger, d'en-« courager l'agriculture, vous porteriez avec son aide « un bien rude coup à votre ennemi naturel. Si le « gouvernement turc favorisait le cultivateur, vous « auriez sur cette terre féconde presque autant de « grains qu'en Russie. Faites ensuite de Bezika un port

« vaste et sûr, construisez des quais , des greniers im-
« menses , et les bâtiments de toutes les nations pré-
« féreront venir s'y approvisionner au lieu d'aller dans
« la mer Noire. Les ports de la Russie ne seront plus
« rien pour eux : car, pour s'y rendre, combien de diffi-
« cultés n'ont-ils pas à vaincre, lorsque, pour remonter
« les Dardanelles, ils trouvent les courants et les vents
« contraires? Faut-il aussi vous dire les dangers de la
« mer Noire, pendant les mois de novembre et décem-
« bre? Les brumes épaisses suivies de violents coups
« de vent du nord et les sinistres qui les accompagnent?
« J'ai vu , Amiral , beaucoup de capitaines de toutes les
« nations me jurer sur leur parole d'honneur qu'ils ne
« retourneraient plus prendre du blé en mer Noire ,
« s'ils ne pouvaient pas en sortir avant la fin du mois
« d'octobre. Eh ! que faudrait-il pour faire de Bezika
« un bon port , facile à prendre et à quitter? Deux
« jetées qui le défendissent des vents de N.-O. et de
« S.-O. Bezika ainsi fermé ne craindrait aucun vent ,
« et les bâtiments , pour éviter les frais de transport,
« comme dans les Docks, chargeraient bord à quai à la
« porte des entrepôts. »

L'Amiral goûta fort cette idée , il me remercia de lui
avoir fait remarquer une amélioration qui , si elle était
exécutée , pourrait rendre des services immenses à la
population et au commerce.

Deux jours après notre arrivée à Bezika, le vent passa
au sud ; nous en profitâmes pour mettre sous voiles.
et le lendemain nous étions dans la magnifique et su-

perbe capitale des Osmanlis : cette malheureuse Bizance que la mésintelligence et la trahison livrèrent aux Musulmans qui la convoitaient depuis si longtemps.

Qui dirait aujourd'hui que ces mêmes Turcs, furent jadis jusqu'aux portes de Vienne et firent trembler les peuples devant leurs triomphes ? Aujourd'hui, esclaves d'une énervante volupté, ils subissent les conséquences de ces peuples conquérants qui, fatigués de vaincre, se sont endormis dans le luxe et les plaisirs, croyant qu'on tremblerait toujours devant eux.

Je me livrais à ces réflexions, lorsque l'Amiral vint me dire de commander le mouillage. La manœuvre terminée, je me rendis auprès de lui pour continuer mes observations de la veille.

« Dieu a sans doute voulu, Amiral, que la nation
« turque s'endormit dans la mollesse ; braves et sobres
« comme vous l'êtes, vous auriez conquis le monde
« entier ! Cependant vous avez perdu vos conquêtes,
« et les puissances vous ont repoussés, resserrant de
« plus en plus les limites de votre territoire qui, depuis
« bien longtemps, est convoité par le colosse russe.
« Eh bien ! Amiral, il faut régénérer ce peuple ! Il faut
« que son cœur vibre encore au souvenir de la gloire !
« Qu'il se lève avec l'étendard du Prophète, et vous
« verrez encore des prodiges de courage ! Je vous l'ai
« déjà dit, Amiral, c'est en excitant dans votre peuple
« toutes les grandes et belles passions que je puis arri-
« ver au but que je me suis proposé. »

L'Amiral me réitéra la promesse de me laisser entièment libre d'agir comme je l'entendrai pour atteindre ce noble but et m'assura de nouveau le concours de Sa Majesté l'Empereur.

Le lendemain de notre arrivée à Constantinople, le Capitan-Pacha me présenta au Grand-Visir, pour qui j'avais une lettre de recommandation. Je fus parfaitement reçu et ce haut fonctionnaire de l'Empire m'assura et me promit de s'occuper de moi avant peu. En attendant, je fesais mon service d'Aide-de-Camp, ayant le bonheur d'être entouré de tous mes amis, logés comme moi au ministère de la marine et nous attirant l'affection et l'amitié de tous les employés supérieurs et inférieurs.

Nos désirs de guerre ne pouvant se réaliser de suite, nous attendions l'occasion favorable pour agir. Dans le but de n'être pas pris au dépourvu, j'avais fait nommer Zotocof et Zulmé instructeurs de mille hommes chacun. Sous des habits d'homme Ida en dirigeait autant. Ce petit corps formait le noyau de notre armée, et comme on le pense, j'avais choisi les meilleurs sujets dans les différents pachaliks.

Dès que ces trois mille hommes furent suffisamment instruits comme fantassins, ils apprirent à devenir cavaliers, et on en fit après de l'artillerie légère. Comme le Visir m'aimait beaucoup, il ne fit aucune difficulté de m'augmenter de mille le nombre des soldats dont l'instruction m'était confiée : aussi, au bout d'un an, ces quatre mille hommes étaient d'une adresse admirable dans leurs différents exercices militaires.

Nous laissions ignorer les progrès de nos troupes qui, partagées en quatre divisions, campaient sur la

côte d'Asie. J'insistai un jour pourtant auprès du Visir
pour qu'il engageât le Sultan à venir passer en revue
le corps d'armée et cela sans l'informer de notre mode
d'instruction pour qu'il jouît ainsi d'une surprise agréable. Le Sultan se décida donc à venir au camp où toutes
les divisions se réunissaient plusieurs fois par semaine,
et lorsqu'il eût vu leurs manœuvres, son étonnement
fut si grand, sa satisfaction si complète, que dans sa joie
il me dit : « Je veux, pour te prouver ma satisfaction,
« te faire un présent que jamais Sultan n'ait encore
« fait, et qui te donnera la mesure de mon estime et
« de mon attachement pour toi..... Je veux te donner
« la plus belle de mes femmes ; celle qui m'a été ven-
« due hier par un étranger. Elle est pure et chaste
« comme le ciel d'un jour serein : née en Angleterre,
« elle traversait les Balkans lorsqu'elle est tombée
« dans les mains de ceux qui la poursuivaient pour la
« saisir et me la vendre. Elle est brave comme un
« Mameluk ; car elle ne s'est rendue qu'après avoir
« brisé ses armes et rougi la terre du sang de ses
« assaillants. Un homme âgé qui l'accompagnait s'est
« défendu jusqu'au dernier soupir. Tu aimes la beauté
« et le courage, je suis donc sûr qu'elle te conviendra.
« Tu es aussi, brave et beau, tu auras donc bientôt fait
« la conquête du cœur de Clorinde ; mais je souhaite
« que tu puisses vaincre sa fierté et son indépendance ;
« car, depuis hier, les caresses ou les menaces ne
« peuvent la décider à quitter son appartement. Elle a
« en horreur la compagnie de mes femmes et la vie
« voluptueuse du sérail. » — Je répondis aussitôt :

« J'accepte avec bonheur le précieux cadeau que vous
« me faites ; mais je n'en userai pas comme vous
« pourriez l'entendre. Mes idées, qui sont toutes
« portées au bien et à la vertu, m'en empêchent ; mais,
« d'après ce que vous me dites, Clorinde est digne par
« sa sagesse d'être associée à mes travaux et à mes
« projets. Avec nous et à notre exemple, elle sera un
« jour utile à Votre Majesté à laquelle je suis heureux
« d'offrir mon dévouement absolu. »

Le Sultan me regarda, prit ma main et la posa sur sa
poitrine en disant d'une voix émue : « Des hommes de
» ta trempe sont rares : aussi rappelle-toi, en sentant
« battre mon cœur, que ta place y sera toujours grande!
« Clorinde sera heureuse de venir se consoler auprès
« de mon zélé et dévoué serviteur. Adieu, je t'attends
« demain. »

Cette conversation et mes paroles n'échappèrent point
aux hommes près desquels nous étions : bientôt et avec
la rapidité de l'éclair, l'histoire de Clorinde parcourut
toute la ligne et produisit un tel effet qu'à mon arrivée
sous la tente j'y trouvai douze des plus anciens soldats
qui me dirent : « Au nom de toute l'armée nous venons
« rendre hommage à tes nobles vertus et te jurer une
« fidélité inaltérable.... — « Amis, je n'ai jamais douté
« de votre amour, répondis-je, avec des hommes aussi
« soumis, aussi unis, aussi attachés à leurs devoirs,
« rien ne me sera difficile : aussi sachez que je ne me
« séparerai jamais de vous ... Aujourd'hui même, vous
« venez de me donner devant le Sultan une des plus

« grandes preuves de votre dévouement : vous avez
« manœuvré avec zèle, adresse et promptitude et c'est
« par vous que j'ai obtenu les éloges du Grand Sei-
« gneur !.... » Je les embrassai tous en leur disant :
« Portez ces caresses à tous vos camarades et dites-leur
« qu'elles viennent de leur père !! »

Le lendemain, à l'heure désignée par Sa Hautesse,
j'arrivai au palais, l'Amiral s'y trouvait et venait lui
faire part de toutes les réformes utiles que j'avais intro-
duites dans la marine ; car je passais tout mon temps à
instruire les soldats et les marins. « Vous seriez heu-
« reux, Sire, lui disait-il, en voyant les progrès de vos
« marins, soit dans l'adresse du tir, soit dans la har-
« diesse et la bonne exécution des manœuvres. Il vou-
« drait voir constamment rester à bord les marins et
« les officiers, et les faire exercer jusqu'à ce qu'ils fus-
« sent en état de se présenter honorablement devant
« les marines étrangères. Si je l'écoutais il ferait cons-
« truire vingt bateaux à vapeur qui, pouvant transpor-
« ter chacun douze cents hommes, pourraient réunir
« un corps d'armée, en quelques heures, sur les points
« vulnérables de la mer Noire et désoler nos ennemis
« au cœur même de leur pays. Je n'ose enfin vous dire
« tout ce qu'il rêve d'utile et de grand dans l'intérêt de
« votre gouvernement. »

« — J'aime à vous entendre parler de ce militaire
« extraordinaire, répondit le Sultan, et dans l'intérêt
« de mon Empire je vous remercie de m'avoir amené
« un homme aussi capable et aussi intelligent. Pour

« moi sa présence dans mes États est le plus beau ré-
« sultat que vous ayez obtenu dans votre dernière
« campagne. »

L'arrivée de la belle et vertueuse Clorinde termina
une conversation qui embarrassait fort ma modestie ;
mais que j'oubliai dans le salut et le regard gracieux
de cette vierge terrestre. — « Monsieur , vos nobles et
« bonnes dispositions à mon égard , me dit-elle en bon
« français , vous donnent des droits à mon estime et à
« ma reconnaissance. Si ces beaux sentiments cachaient
« un piége , je saurais périr plutôt que de céder. » —
« Bien que votre beauté et vos grâces soient capables
« de damner un saint , vous ne serez jamais pour moi,
« Madame , qu'une sœur chérie et adorée. La religion ,
« ce phare du port céleste , où je veux arriver , m'im-
« pose cette douce loi , et pour preuve de ce que j'a-
« vance vous verrez, si vous venez me joindre , qu'en-
« touré de deux femmes qui , unies à Clorinde , seront
« de beaucoup supérieures aux grâces . vous verrez ,
« dis-je , que ces modèles de vertu n'ont jamais eu à
« rougir de mes paroles et de mes actions. Ces femmes
« admirables , sous le costume d'homme , ont tant
« d'audace et de bravoure , que les soldats en leur
« obéissant , croient être soumis à des généraux intré-
« pides. »

A ces mots, le Sultan étonné me dit : « Vos deux
« premiers lieutenants sont des femmes ? Quoi ! dit
« aussi l'Amiral , vous avez une autre héroïne qu'Ida ?
« Ce jeune ami est une femme ! par Allah ! J'avoue
« qu'après l'avoir vue au plus fort de la mêlée , lors de

« notre combat contre les pirates, je n'aurais jamais
« cru qu'une femme fût capable d'aussi grandes cho-
« ses. » Puis, se tournant vers son beau-frère : « Veuil-
« lez, je vous prie, Sire, envoyer chercher ces deux
« femmes extraordinaires, et n'oubliez pas qu'elles
« sont aussi sages et vertueuses que Clorinde. »

Cette dernière, qui n'avait pu me répondre pour ne
pas interrompre notre conversation, prit affectueusement ma main, fléchit le genou et me dit avec noblesse :
« Vous voyez à vos pieds la malheureuse fille d'un des
« Souverains puissants de l'Asie, aujourd'hui résidant
« en Angleterre, solliciter des beaux sentiments qui
« vous caractérisent, votre protection et l'honneur
« d'être placée près de vous comme le sont Ida et
« Zulmé, et je vous promets d'employer toutes mes
« facultés à suivre les traces de ces femmes modèles. »

Le Sultan, attendri par cette scène pathétique, m'aida
à la relever, et tous furent satisfaits de m'entendre dire
à cette princesse : « La vertu a toujours accès dans les
« âmes qui ne vivent que pour elle ! Les personnes
« avec lesquelles vous allez vivre vous donneront tous
« les jours les preuves de leur amour et de leur
« respect. »

Nous nous mîmes à table et le repas se ressentit des
sentiments qui agitaient tous les convives. Au dessert,
Ida et Zulmé se présentèrent. Le Sultan, en les apercevant, ne pouvait imaginer que les généraux auxquels
était confié l'avenir brillant de son armée fussent des
femmes.

Zotocof fut également mandé, et tous réunis chez

l'Empereur nous passâmes une bonne partie de la nuit, tant était grande sa curiosité à connaître l'histoire de ses convives. Il voulut aussi que je lui expliquasse comment je formais mon armée, et surtout comment j'étais parvenu à de si bons résultats, sans officiers subalternes, en dépensant moins que quinze mille hommes qu'il avait réunis aux environs d'Andrinople pour être exercés à l'européenne et dont les progrès étaient moins sensibles que ceux dont la direction m'était confiée.

« Sire, lui répondis-je, vos moments sont trop pré-
« cieux pour en abuser, il est tard, le repos vous est
« nécessaire, et comme le devoir m'appelle à mon
« camp, permettez-moi de nous y rendre, afin que, de
« bonne heure, nous puissions reprendre l'instruction
« de votre nouvelle armée...... » Nous le saluâmes donc et nous nous disposâmes à traverser le Bosphore.

Le temps était couvert et sombre, un calme profond favorisait la course rapide de l'élégant caïque qui emportait avec la vitesse de l'alcyon les cinq amis, joyeux de leur soirée et surtout de la liberté qu'ils avaient de s'entretenir de leur bonheur. Les rameurs employaient avec vigueur leur force et leur adresse, pour qu'un prompt retour fût agréable au Sultan qui, en nous faisant ses adieux sur le quai du sérail, avait recommandé au patron de l'informer immédiatement de notre heureuse arrivée.

Nous étions sur le point de prendre terre lorsqu'un choc violent brisa notre caïque et le fit sombrer. La secousse fut telle que le patron qui était debout sur l'arrière fût lancé au loin et disparut Les rameurs effrayés plongèrent aussitôt pour ne plus reparaître , et pour nous, nous grimpâmes sur le plat-bord d'une barque que je reconnus être un chaland coulé sur ses amarres.

Que faire dans cette pénible situation. Je donnai à mes amis le conseil de gagner à la nage les côtes d'Asie; tous l'approuvèrent et je me chargeai de conduire Clorinde qui n'était pas habile dans l'art de la natation. Quelques minutes nous suffirent pour arriver sur la plage où nous trouvâmes les chevaux qui nous attendaient et nous prîmes la route du camp.

Malgré mes efforts, Clorinde n'avait pu se défendre d'un sentiment de frayeur. Fatiguée aussi par cette traversée périlleuse, elle sentait ses forces l'abandonner. Je restai donc en arrière pour la ranimer et lui prêter l'appui de mes bras, puis reprenant un peu ses sens nous arrivâmes au camp où Ida et Zulmé, qui avaient pris les devants, lui prodiguèrent tous les soins nécessaires à son état.

Épuisé moi-même par suite des efforts que j'avais faits en ramenant Clorinde saine et sauve au rivage, j'engageai mes amis à se retirer pour nous livrer au sommeil.

A mon réveil, je fus agréablement surpris, en me rendant sur le champ de manœuvre, d'y trouver Clorinde occupée à instruire un certain nombre d'hommes, qui tous apportaient la plus grande attention aux ordres de ce nouveau chef. Clorinde se fesait remarquer par la douceur et la fermeté de ses commandements autant que par son attention à leur bonne exécution. Je lui témoignai toute ma satisfaction et lui donnai de nouveaux encouragements ; mais la présence des soldats m'empêcha de dire à Clorinde combien j'étais heureux en la voyant rétablie et disposée à m'être utile. Ajoutez à cela que sous son nouveau costume elle était belle à ravir. L'heure du repas étant arrivée, nous fîmes rentrer les troupes et nous rejoignîmes notre tente.

Au moment où nous allions nous mettre à table, le Sultan arrivait et poussa un cri de joie en nous voyant tous réunis. Il amenait Ibrahim qui, instruit de notre accident par un marin de la polacre, qui se trouvait à terre lorsque nous arrivâmes sur la plage, fut immédiatement avertir le Grand Seigneur et tous deux s'étaient rendus à la hâte au camp, sans même se faire précéder d'un envoyé, tant ils avaient envie de nous voir. Après m'avoir témoigné son inquiétude, je lui racontai les détails de notre évènement et il me félicita d'avoir sauvé la vie à Clorinde. Il nous fit l'honneur d'accepter à déjeuner et je profitai de cette circonstance pour lui faire part du mode que j'avais employé à l'effet d'instruire mes hommes et les rendre l'objet de son admiration.

« Sire, à mon arrivée dans votre capitale, vous me
« fîtes donner l'ordre par votre Grand-Visir, d'organi-
« ser un corps d'armée comme je l'entendrais et d'après
« le plan que je vous avais présenté par l'intermédiaire
« de votre ministre de la marine. Fier de cette con-
« fiance, je me mis à l'œuvre et je choisis sur votre
« flotte, dont j'instruisais le personnel, deux cents
« jeunes marins que j'avais distingués et que je recon-
« nus capables de former le noyau de l'armée future et

« de servir de guide aux nouveaux-venus. Je pris ces
« hommes parce que j'avais vu , sous l'Empire , que
« Napoléon , ayant été obligé, après la débâcle de
« Moscow , de prendre , pour remplacer ses pertes , les
« hommes qui étaient tombés au sort pour la marine
« l'année précédente , il en fut si satisfait que je voulus
« connaître d'où pouvait venir leur supériorité sur ceux
« levés à la même époque pour l'armée de terre J'ap-
« pris , en les interrogeant , que la marine était consi-
« dérée , par ceux que le sort y avait appelés , comme
« un métier plein de dangers , à cause des exercices
« périlleux auxquels ils ne pouvaient s'habituer. Ils
« redoutaient aussi les privations, suites obligées d'une
« longue campagne, et ne restaient qu'avec dégoût sur
« cet élément où ils ne pouvaient se livrer à leurs
« mouvements. Aussi était-ce avec joie qu'ils étaient
« entrés dans l'armée de terre , et ils s'y fesaient re-
« marquer par leur ardeur et leur courage. Le matelot
« doit être habitué à ce métier dur et dangereux dès
« son enfance. Il faut qu'il naisse sur les bords de la
« mer ! Bercé au bruit des vagues mugissantes sur la
« grève, il saura bientôt les contempler avec courage
« et plus tard il défie leur fureur ; calme au milieu des
« dangers, il regardera la mort avec fierté.

« Je conduisis donc ces marins au camp où j'avais
« donné asile à deux compatriotes, anciens professeurs
« de l'école militaire, obligés de fuir la France pour
« cause politique. Ces habiles professeurs avaient de
« plus l'avantage d'écrire et de parler très bien le turc ;
« ma tâche était donc plus facile.

« Dès qu'un homme savait la théorie du peloton et
« le maniement d'armes, cinq hommes lui étaient con-
« fiés, ainsi que le titre de caporal honoraire. Dès qu'il
« pouvait, par son instruction, en commander vingt,
« il était nommé sergent ; il passait ainsi par tous les
« grades avec des connaissances plus étendues et arri-
« vait à celui de capitaine commandant une com-
« pagnie de cent hommes. Toutefois ces grades ou in-
« signes sont purement honoraires et ne seront défini-
« tifs qu'après notre première victoire, si Sa Hautesse
« a besoin de nos armes. Celui qui commande et ins-
« truit cinq cents hommes est chef de bataillon. Quatre
« bataillons sont commandés par un colonel, et enfin
« celui qui commandera un corps d'armée sera lieute-
« nant-général avec d'autres généraux sous ses ordres.
« Voilà, j'espère, de quoi donner aux hommes le désir
« de bien faire et de rivaliser d'ardeur pour arriver, à
« l'aide de leur mérite, aux places les plus élevées.

« Comme la Religion est la source de toute morale
« et le Palladium où l'homme se garantit de tous les
« vices qui le dégradent, un marabout s'occupe de leur
« instruction religieuse. Un prêtre catholique en fait
« autant pour les chrétiens, afin que tous soient sages,
« vertueux et unis. Enfin, Sire, j'ai cru et je crois
« encore agir dans votre intérêt et celui de votre Em-
« pire, car je n'ai en vue que votre gloire et l'honneur
« de votre drapeau.

« Cette armée de braves placée sur les limites de
« l'Asie et de l'Europe, formée presque en totalité de
« ces deux peuples, doit un jour servir de force mora-

« lisatrice et concilier au besoin l'Orient et l'Occident.
« Ses triomphes, si elle était obligée de paraître sur les
« champs de bataille, assureront avec la paix, les déve-
« loppements les plus considérables au commerce et à
« l'industrie. Vaincre ou mourir, telle est la devise de
« nos drapeaux et la résolution de nos cœurs ! »

Le soldat qui était à table, car tous les jours j'en avais
un auprès de moi, se leva spontanément et dit : « Mon
« Général, puisque je représente l'armée, je vous prie
« d'agréer en son nom la promesse d'accomplir vos in-
« tentions généreuses ou de nous voir mourir jusqu'au
« dernier. » Cet homme, ému par le sentiment héroïque qui l'animait, n'en put dire davantage et me pria
de recevoir son accolade respectueuse au nom de tous
ses camarades. J'acceptai de bon cœur.

Le Sultan, surpris de voir à table un simple soldat,
me serra affectueusement la main en me disant : « Je
« ne suis plus étonné des progrès et de l'amour de vos
« subordonnés; ils ont pris naissance dans les attentions
« et les égards que vous avez pour eux, ainsi qu'au
« soin que vous prenez de les associer à vos plaisirs :
« aussi vous pouvez, sur les champs de bataille, comp-
« ter sur leur dévouement et leur courage. »

Ibrahim m'embrassa et me dit qu'il partirait bientôt
pour l'Égypte où il allait vendre ses propriétés à l'effet
de se fixer près de nous. « N'en faites rien, lui répondis-
« je, car dans un an probablement nous serons loin
« d'ici, et si, comme je l'espère, la fortune nous favo-
« rise, en cas de guerre, nous pourrions bien, une fois
« la Turquie devenue ce qu'elle doit être pour l'équi-

« libre européen , aller en Egypte , aider le Pacha
« dans la réalisation de son projet gigantesque en
« unissant par un canal la mer Rouge à la Méditerranée.
« Restez donc à Alexandrie où vous me verrez proba-
« blement plus tôt qu'ici. »

Le Sultan , émerveillé de mes projets en faveur de sa
gloire et du bonheur de toutes les nations , me remercia
de nouveau et prit congé de moi. Il emmena mon ancien
armateur avec lui , et , après les avoir accompagnés en
dehors du camp , chacun de nous fut reprendre ses
occupations.

Le lendemain , je reçus de Sa Hautesse une lettre
dans laquelle il me donnait les éloges les plus flatteurs.
« Vos brillantes manœuvres , disait-il , m'ont donné
« l'espoir de surmonter toutes les craintes que m'ins-
« piraient les faiblesses militaires de mon Empire. Vos
« talents ont fait renaître ma confiance , et pour vous
« donner une preuve de ma haute satisfaction , je vous
« investis du titre de Pacha de première classe auquel
« vous ajouterez le nom qui vous plaira le plus. »

J'acceptai cette récompense avec d'autant plus de
plaisir qu'elle m'était accordée par un souverain émi-
nent par ses qualités et qui dans cette occasion n'agissait que sous l'impulsion de son noble cœur ! J'en fis
immédiatement part à mes troupes, qui étaient réunies
sur le champ d'exercice, et leur laissai le choix du nom
à joindre au titre de Pacha que je devais en partie à leur
habileté dans les évolutions de la veille. Dans la soirée ,
une députation des plus anciens soldats vint me trouver
et l'un d'eux s'approchant de moi et portant la main à

son schako me dit : « Mon Général, au nom de l'armée,
« je viens vous proposer de prendre le nom d'Omer-
« Pacha!!.. » — « Va pour Omer, répondis-je, baptisé
« par elle, je peux être tué mais jamais vaincu ! »
— « Mon général, vous pouvez compter sur nous, ré-
« pliqua le soldat : car tous mes collègues, en vous
« donnant ce nom, dans lequel ils ont trouvé un pré-
« sage de bonheur (¹), se sont écriés : Tremblez, enne-
« mis de la Turquie ! Omer la protége et lui rendra ses
« anciens lauriers ! »

Après la dernière visite de Sa Hautesse, seize mille
hommes étaient réunis sous notre drapeau, tant était
grand le désir de l'Empereur de seconder mes intentions. L'armée était animée du plus grand zèle et brû-
lait d'envie de participer à la gloire dont je ne cessais de
lui parler tous les jours ; lorsqu'une puissance colossale
violant toutes les règles du droit des gens et imaginant
qu'il lui serait facile de s'emparer de la Turquie, tant
il la croyait à l'agonie, fit envahir ses frontières.

Le Sultan me fit appeler, et m'annonçant ce grave

______

(¹) Ceux qui se rappellent dans l'histoire sainte les rêves de
l'échanson et du panetier expliqués par Joseph, verront ici non
seulement qu'un songe naît des préoccupations, mais encore qu'il
est souvent la réalisation de l'avenir.

Il n'y aurait donc rien d'étonnant que le nom d'Omer donné,
dans ce rêve, au pilote de la polacre, ne soit une révélation de la
Providence en faveur de l'Empereur Ottoman, et qu'Omer-Pacha
d'aujourd'hui, Général hongrois qui n'a jamais été vaincu, ne
soit réellement l'homme qui manquait à la Turquie pour la sauver
et la placer au niveau des autres nations.

évènement me dit « Soixante mille hommes marchent
« sur mes États et menacent l'existence de mon Em-
« pire, si je ne cède aux caprices ambitieux du Czar.
« Il m'a donné un délai de trois mois pour consentir à
« des conditions humiliantes qui me rendraient son
« vassal, et que je ne puis accepter et pour la dignité
« de ma race et pour la dignité de mes sujets. Mieux
« vaut disparaître en s'ensevelissant sous des ruines,
« comme m'en donnèrent l'exemple les braves Ipsa-
« riotes, que de consentir à une lâcheté aussi infâme.
« L'heure est venue, Omer ! j'ai besoin de votre bras !
« et avec l'aide de Dieu, qui protège les faibles et écrase
« les forts, je serai vainqueur !.... Le sabre de Mahomet
« saura sortir encore de son fourreau !....
Je m'empressai de répondre : « Vos paroles, digne
« descendant du Prophète, sont marquées au cachet de
« la sagesse et de la justice. Votre noble cœur a senti
« l'iniquité de cette agression sans exemple dans l'his-
« toire. Ayez confiance en moi, nous serons heureux
« de vous prouver que les enfants de Mahomet ont
« encore du cœur et du courage : c'est avec bonheur
« que mes soldats répondront à votre appel. Ils brûlent
« de marcher à l'ennemi et ils vous donneront le der-
« nier battement de leur cœur, la dernière goutte de
« leur sang. Venez, Sire, venez juger par vos yeux
« de l'enthousiasme de vos soldats. Ils regretteront sans
« doute de ne pouvoir dès aujourd'hui se mesurer avec
« cette armée, bien qu'elle leur soit supérieure en
« nombre. »
J'arrivai donc avec Sa Hautesse sur le champ de ma-

nœuvre où tous les hommes étaient en ce moment
formés en carré.... Je m'y introduisis et je commandai
le demi-tour à droite ; à cet ordre tous ces braves gens,
à face et cœur de fer, exécutèrent le mouvement et firent
front dans l'intérieur de ce carré qui devait plus tard
étonner le monde par la multiplicité de ses feux et par la
justesse de son tir. Là, l'épée à la main et à côté du
drapeau, je m'exprimai ainsi :

« Braves soldats! Il est enfin venu le jour tant désiré!
« Une armée formidable a osé envahir votre patrie !
« Laisserez-vous plus longtemps souiller le sol natio-
« nal par sa présence! Non, mes amis ! vous repousse-
« rez ces hordes barbares qui n'apportent avec elles
« que la dévastation et le pillage. Vous brûlez depuis
« longtemps du désir de prouver votre habileté, votre
« discipline, votre courage! Vos souhaits sont accom-
« plis! L'étendard du Prophète va se déployer! Jurez
« de le ramener victorieux et triomphant! Les ennemis
« croient avoir bon marché de vous : c'est à vous à leur
« prouver que vous savez gagner les victoires qui vous
« assureront des honneurs distingués et vos grades
« définitifs!....

A ces mots, un frémissement d'enthousiasme ébranla
tous les rangs, et tous les soldats, mettant spontanément
leurs schakos au bout des bayonnettes, s'écrièrent : « En
avant! » La joie rayonnait sur tous les visages : je fis immédiatement rompre le carré et donnai l'ordre de tout
disposer pour un départ immédiat. La nuit se passa en
préparatifs ; avant l'aurore, les bataillons étaient sous
les armes. Ainsi que cela se pratiquait tous les jours,

je donnai l'ordre de faire la prière, et ce jour-là elle partait réellement du fond du cœur. L'étranger qui aurait vu cet imposant spectacle n'aurait pu se défendre d'une vive émotion. Nous fîmes bénir nos drapeaux et nous implorâmes le Dieu des armées. Pleins d'espérance et de foi, tous jurèrent de vaincre et de mourir.

J'étais ému de bonheur ; entouré de seize mille braves résolus à m'obéir, admirablement disciplinés et exercés aux manœuvres de l'infanterie, de la cavalerie et de l'artillerie, ayant tous acquis personnellement une grande habileté dans le maniement des armes, je devais inévitablement voler à des succès certains ; et comme la confiance est le présage de la victoire, je prévoyais déjà la supériorité de nos armes.

Nous nous mîmes donc en route et nous fîmes régulièrement dix lieues par jour, en gardant l'ordre le plus complet et sans laisser un traînard en arrière.

Zotocof, qui connaissait parfaitement tous les pays que nous traversions, était à l'avant-garde. Il les avait jadis explorés pour le compte du Monarque dont il allait maintenant arrêter la marche triomphale.

Sur le point de joindre l'ennemi et comme je tenais à ce qu'il ignorât mes forces et les éléments qui devaient les décupler, je fesais des marches de nuit, et pendant le jour je campais dans des lieux où rien ne pouvait trahir ma présence. Les forêts me servaient ordinairement d'asile durant ces haltes, et des postes détachés devaient me prévenir de l'approche de l'ennemi. C'est pendant ces haltes que je pus apprécier ce que sont et ce que valent les marins dans une armée en campagne.

Ils formaient un corps de quatre mille hommes et marchaient toujours à l'avant-garde. Agiles et adroits, ils devaient me servir de tirailleurs et harceler l'ennemi dans ses marches. Forts et robustes, ils supportaient les fatigues et se livraient pendant le repos à des jeux auxquels présidait la gaîté la plus expansive ; je comptais surtout sur eux pour frapper les grands coups.

Le Sultan n'avait pas cru devoir répondre aux prétentions exigeantes de son ennemi qui, trouvant dans ce silence la preuve irrécusable de sa faiblesse, s'était mis en route avec la plus grande sécurité. Il savait bien que l'on instruisait un corps de deux ou trois mille hommes ; mais il était loin de supposer que les Turcs pussent devenir d'excellents soldats. Plein de cette erreur et voulant faire croire à ses hommes que leurs succès seraient certains, il leur fesait dire par ses généraux que le pays qu'ils allaient envahir était si facile à subjuguer que des femmes en feraient la conquête, si elles voulaient s'en donner la peine : aussi se livraient-ils à toutes sortes d'exactions et de déportements.

Quelle différence avec nos hommes qui dédaignaient les victoires faciles, qui respectaient les propriétés et se fesaient aimer par tous les habitants : aussi ces derniers s'empressaient-ils, pendant nos haltes, d'apporter des vivres et des rafraîchissements qu'on leur payait exactement, tandis que nos ennemis pillaient et dévalisaient les pauvres cultivateurs qui, malgré des sacrifices de toute nature, devenaient parfois les victimes de leur férocité. Aussi étions-nous parfaitement instruits de tout ce que nous avions intérêt à connaître, alors que

nos mouvements et notre existence même leur étaient
inconnus. C'est ainsi que nous apprîmes que nous n'é-
tions plus qu'à une journée de cette formidable armée,
par les habitants éperdus et fuyant devant elle. Je m'arrêtai pour consoler ces malheureux, raviver leur énergie et
ranimer leur courage qui pouvait nous être d'un grand
secours ; nous campâmes donc dans une grande forêt,
afin d'y faire nos dernières dispositions et de nous pré-
parer à attaquer vigoureusement l'ennemi.

Pendant la nuit, deux ou trois de ces malheureux,
qui avaient avec leurs familles éplorées trouvé un asile
dans notre camp, vinrent me prévenir que l'armée
ennemie était arrêtée dans une plaine immense à l'est
et à toucher la forêt. Les Russes avaient dressé leurs
tentes, et leur sécurité était si grande qu'à quelques
sentinelles près tous se livraient au repos, fatigués qu'ils
étaient par une longue marche et l'intensité de la chaleur.

« Que Dieu soit loué, leur dis-je, au point du jour
« nous les éveillerons, et s'ils succombent vous pourrez
« retourner dans vos maisons avec leurs dépouilles. »
Il était environ minuit et je fis partir Zotocof à l'effet
de prendre connaissance de leur position ; je fis éveiller
mes hommes dans le plus grand silence, et à son retour,
vers les trois heures, il nous trouva sur une ligne de
bataille faisant face à l'est, c'est-à-dire à la plaine où
était l'ennemi, notre aile gauche touchant la pointe
sud de la forêt. Dans cette position nous étions prêts
à faire feu. Nos marins tirailleurs étaient divisés en
deux corps égaux qui s'étaient portés au sud et au nord
de la plaine, de manière à faire croire à l'ennemi qu'ils

avaient à lutter contre une armée considérable divisée en trois corps.

Mes dispositions prises, je dis à mes soldats : « C'est « aujourd'hui que vous devez me donner des preuves « de votre courage et de votre dévouement à la patrie. « La victoire, en vous donnant des grades et des hon- « neurs, léguera vos noms à la postérité. Votre gloire « fera le tour du monde ! Sachez donc vaincre ou mou- « rir ! ce jour vivra éternellement dans les fastes de « l'histoire, et une médaille militaire frappée en son « honneur dira votre bravoure à vos descendants, en « même temps qu'elle assurera votre avenir par une « rente viagère. Oui, vous serez fiers et glorieux d'a- « voir vaincu les ennemis dans la plaine d'Acouf. En « avant, mes amis ! — Oui, en avant ! s'écrièrent ces « braves ; mourons ou soyons vainqueurs ! » Comme la brume du matin commençait à se dissiper, nous fîmes immédiatement feu avec tous nos canons qui éveillèrent brusquement l'ennemi en lui donnant la mort. Quelques instants après, une brise d'ouest fit disparaître tout-à-fait le voile qui cachait le désordre de l'armée effrayée par cette attaque imprévue. Les soldats couraient aux armes placées en faisceaux et tombaient de tous côtés sous notre feu meurtrier, exé- cuté avec tant d'adresse qu'en moins d'un quart d'heure le camp présentait un amas de cadavres, qui empê- chaient les mouvements des soldats que notre mitraille avait épargnés.

J'ordonnai alors à Zotocof et à Zulmé d'appuyer sur la droite et de déployer leur ligne de bataille sur une

ligne est et ouest. Ida et Clorinde firent le même mouvement sur la gauche, en restant toujours sur la ligne
nord et sud, de telle sorte que ces quatre corps for-
mant un angle droit pussent mitrailler l'ennemi en
face et par le flanc. Ce que j'avais prévu arriva : deux
divisions ennemies, la rage dans le cœur, s'avancèrent
au pas de charge, bayonnette au canon, l'une sur nos
deux corps de droite, l'autre sur ceux de gauche ;
mais leur intrépidité vint se briser sur nos remparts de
fer et de feu. Nos décharges d'artillerie adroitement
pointées portèrent le désordre dans leurs têtes de colonne et les força à s'arrêter. Dans cette position cri-
tique, obligés de serrer et reformer leurs rangs à chaque instant, ils ne présentèrent plus qu'une masse con-
fuse exposée à nos coups, et ils se décidèrent à battre
en retraite en laissant sur leur route une masse de morts.

Comme il était facile de prévoir la défaite de cette armée, j'ordonnai aux deux corps de droite d'appuyer
dans l'est sans cesser leur feu et aux corps de gauche de
serrer l'ennemi de près : mais celui-ci, ayant reconnu
qu'on voulait l'envelopper et voyant l'impossibilité de
vaincre, fit un mouvement de retraite sur toute la ligne.

Décimés par notre terrible artillerie et apercevant le
corps d'Ida qui accourait pour les couper et leur enlever
cette dernière chance de salut, les soldats jetèrent armes et bagages et prirent la fuite dans le plus grand
désordre. Je laissai aussitôt sur le champ de bataille
la division de Clorinde et avec les autres je les pour-
suivis sans relàche ; ils se rendirent presque tous sans
opposer la moindre résistance.

Ma joie fut au comble lorsque je vis les marins, nos tirailleurs, réunis en corps, sortir du défilé par lequel l'armée ennemie était arrivée dans la plaine, nous ramener tous les fuyards qui s'étaient jetés dans ce passage étroit, dans l'espoir d'être sauvés. Le souverain et tout son état-major fesaient partie des prisonniers amenés par mes braves marins. Cette capture importante doublait bien certainement les brillants avantages de notre victoire.

J'ordonnai aussitôt à tous mes corps un retour immédiat sur le champ de bataille, témoin d'un grand désastre et d'une noble victoire, et après avoir remercié Dieu du fond de mon cœur, j'embrassai mes lieutenants et me plaçant sur le front de bataille je dis à mes soldats : « Vous venez de vaincre les meil-« leures troupes du monde ! cet heureux succès doit « nous faire espérer d'accomplir notre belle et glo-« rieuse mission. Je vous confirme l'avancement que « je vous ai promis, et vous recevrez tous la médaille « commémorative de la bataille d'Acouf ! Et mainte-« nant songeons à donner la sépulture aux valeureux « et dignes héros qui ont trouvé la mort sur le champ « des braves. »

Je me retirai dans une tente magnifique que l'on venait de dresser pour moi et qui avait servi au Monarque, maintenant notre prisonnier.

Dès que mes lieutenants m'eurent informé que tout était prêt pour la cérémonie funèbre, je fis ensevelir nos camarades et nos ennemis qui s'étaient fait tuer si vaillamment et qui eussent, peut-être, été vainqueurs à cause de leur nombre, si nous n'avions eu autant de supériorité et d'habileté dans les armes.

Les blessés des deux nations reçurent les mêmes soins. Zulmé, Clorinde et Ida rivalisèrent pour eux d'humanité et d'adresse, comme elles avaient rivalisé, pendant le combat, de courage et d'ardeur.

La nuit se passa dans un repos général, sous la sauve-garde des patrouilles et des sentinelles. Au point du jour, je fis l'inspection de mes troupes dont l'aspect martial me remplit d'orgueil, et je fis distribuer aux malheureux habitants, que nous avions recueillis, les dépouilles des victimes et une partie des bagages de l'ennemi. Cela fait, accompagné par mes lieutenants, je me rendis auprès du Monarque prisonnier. A mon arrivée il se leva, me fit un salut gracieux et me priant de m'asseoir à ses côtés il me demanda ce que j'allais faire de lui.

« Sire, un ami, j'espère ! La Providence nous a été
« favorable ; vous êtes grand et magnanime, pro-
« fitez de ses sages avertissements et le monde en-
« tier vous bénira ! — Que pouvez-vous donc désirer ?
« Parlez ? Vous en avez le droit, comme c'est un de-
« voir pour moi de vous écouter. »

— « L'Europe, Sire, attend de vous un sacrifice
« qui honorera pour toujours votre règne dans la pos-
« térité la plus reculée. Vos usages, vos institutions,
« je le sais, s'opposent à ce qu'une constitution large
« comme celles dont jouissent les Français, les Anglais,
« soit accordée au grand peuple que vous gouvernez.
« Les intérêts des Grands de votre Empire se trou-

« veraient peut-être compromis ; les éléments de leur
« fortune se composent comme dans les temps les plus
« reculés, des serfs qui sont leur propriété et sur les-
« quels ils ont droit de vie et de mort. Cet état de
« chose ne peut subsister dans le siècle éclairé où
« nous vivons. Tout homme est notre égal aux yeux
« de Dieu, puisqu'il l'a créé à son image et doit être
« traité en homme et protégé par les mêmes lois. Il
« n'en est point ainsi, malheureusement pour vos
« pauvres serfs. Des concessions sont donc nécessaires,
« elles prouveront, Sire, votre justice, votre huma-
« nité, et empêcheront peut-être un jour des malheurs
« déplorables et terribles. Ne peut-il pas se faire, en
« effet, que, cédant au désespoir, ils cherchent à se-
« couer le joug qui les écrase. Je vous en conjure !
« prévenez les excès de leur exaspération ! il vous se-
« rait peut-être très difficile, je devrais dire impos-
« sible de les arrêter ; donnez-leur la liberté, Sire,
« et des institutions qui leur assurent, selon leur ca-
« pacité, une position honorable ; que le métier des
« armes fasse battre leur cœur, vous trouverez sans
« doute en eux des hommes intelligents et d'autant
« plus dévoués qu'ils vous devront leur bien-être.

« Je n'ai pris les armes, Sire, que dans le but de
« protéger le faible contre le fort ; l'opprimé contre
« l'oppresseur. La Turquie réclame ses anciennes li-
« mites enlevées par la force ou par la ruse de vos
« prédécesseurs. J'ai donc dû obéir au Sultan mon
« maître et j'ai été assez heureux pour vaincre votre
« formidable armée. J'ai promis à mes vaillants soldats,

« à ces enfants que j'aime, comme si nous ne formions
« qu'une seule et même famille, une médaille qui doit
« éterniser leur gloire. Cette médaille sera frappée à
« l'aide de l'argent trouvé dans votre caisse militaire,
« et quant aux frais de la guerre, vous devrez en référer
« aux ministres du Grand-Seigneur.

« Si ces conditions, que je crois raisonnables, peu-
« vent vous convenir, non seulement, Sire, vous pou-
« vez rentrer dans votre capitale, vous et tous vos
« soldats actuellement prisonniers ; mais encore je
« vous promets de vous accompagner et de vous aider
« à exécuter ce que j'attends de votre haute philantro-
« pie. Avec le concours de mon armée, il vous sera
« facile de mettre fin aux différends qui existent entre
« votre Empire et la Géorgie et la Circassie, si vous
« voulez rendre à ces braves Montagnards tout ce que
« vous leur avez enlevé. Si, au contraire, vous rejetez
« mes propositions, je vais vous diriger sur Constanti-
« nople et le Sultan agira selon ses intérêts.

« J'ai la conviction, Sire, et cette idée caresse au-
« jourd'hui agréablement mon esprit, que votre grand
« cœur désirait l'émancipation des serfs ; mais qu'il
« vous était impossible de la proclamer immédiatement
« et par mesure générale, d'abord dans l'intérêt de vos
« Seigneurs dont la fortune pourrait être compromise
« et ensuite dans l'intérêt même de votre Empire dont
« la tranquillité pourrait être troublée par le trop grand
« nombre d'hommes nouvellement libres, et ne sachant
« peut-être pas user modérément de leur liberté. J'ai
« pourtant remarqué avec bonheur que votre sagesse

« était aussi grande que votre générosité dans les
« exemples successifs que vous donnez de votre amour
« pour vos sujets ; puisque vous faites peu à peu pour
« eux ce que vous ne pourriez exécuter tout-à-coup
« sans imprudence. C'est ainsi que vous déclarez libre
« celui qui a servi son pays avec éclat sur les champs
« de bataille, ou qui l'a doté d'une heureuse invention,
« ou enfin qui s'est rendu utile à ses semblables. Cette
« puissante prérogative prouve à la noblesse que vous
« avez le droit de disposer, dans l'intérêt de l'État,
« d'une partie de sa fortune, en même temps qu'elle
« constitue un hommage aux principes de la morale
« évangélique.

« J'ai donc la certitude que vous aimez vos sujets,
« et que bientôt, conciliant les intérêts de tous, vous
« améliorerez leur position en édictant en leur faveur
« des lois sages et équitables. »

J'allais continuer mes observations, lorsqu'un Officier d'ordonnance vint me prévenir que le déjeuner
nous attendait, je priai l'Empereur de vouloir bien,
ainsi que son état-major, nous honorer de leur présence
en acceptant notre repas. Il se rendit à notre invitation,
et comme il vit à table, assis avec nous, deux simples
soldats, il me demanda le motif de leur présence.
« Comme mes soldats, lui répondis-je, sont considérés
« par moi de la même manière que s'ils étaient mes
« enfants, je croirais faire injure à mes sentiments, si
« je ne m'en entourais pas dans les moments de plaisir
« qu'ils doivent partager avec moi comme ils partagent
« mes fatigues et mes dangers. »

L'Empereur sentit toute la portée de cet acte si simple en lui-même et me dit en me serrant affectueusement la main : « Je ne suis plus humilié d'avoir été « vaincu par un homme tel que vous : c'est une leçon « que Dieu m'a donnée et j'en profiterai ! »

A ces mots, un Officier supérieur, qu'à son costume on reconnaissait pour l'Aide-de-Camp de l'Empereur, se leva et dit : « Toutes vos actions, Monsieur, sont « sublimes, et comme témoignage de mon approba- « tion, je vous demande la faveur, moi Impératrice, « d'être admise dans votre armée à quelque titre que « ce soit ; quoique femme, vous verrez que les hommes « les plus braves de votre armée me jugeront digne de « marcher à leur tête. » Ma surprise fut extrême : je ne pouvais croire que Zulmé, Ida et Clorinde eussent dans l'armée russe une émule d'un rang aussi élevé ; mais, revenu de mon émotion, je répondis : « J'accepte « avec reconnaissance l'honneur insigne que Votre « Majesté veut bien me faire. » (A ce mot de Majesté l'Impératrice m'arrêta pour me prier de ne plus l'ap- peler ainsi, ce titre ne pouvant s'allier avec la subordi- nation qu'elle me devait). « Le sacrifice généreux que « vous faites de votre haute dignité est non seulement « pour moi une garantie certaine de votre noble dé- « vouement à ma cause, mais encore de votre amour « pour la gloire et pour tout ce qui peut contribuer au « bonheur des peuples. » Je la priai alors de vouloir bien me faire connaître son prénom. A celui de Sapiença qu'elle me dit porter, je la félicitai de ce que ce beau nom, qui signifiait sagesse, lui avait été donné. « Il est

« pour moi d'un heureux augure, dis-je à l'Impéra-
« trice, il révèle sans doute les heureuses qualités de
« votre âme ; et votre ravissante beauté, capable d'en-
« chaîner tous les cœurs, ne me laisse aucun doute à
« leur égard. » Elle s'inclina gracieusement, me remercia par quelques paroles affectueuses et pleines de
sentiment et je continuai ainsi : « Oui, j'accepte avec
« enthousiasme l'honneur insigne que vous voulez bien
« me faire, je sais trop bien tout ce dont votre sexe est
« capable pour douter de sa valeur, et pour vous donner
« une preuve de la confiance qu'il m'inspire, voyez !
« ces trois généraux sont des femmes !.... »

L'Empereur stupéfait n'en pouvait croire ses yeux,
et l'Impératrice, d'abord muette d'étonnement, ne put
que leur tendre la main et les serrer sur son cœur avec
les signes de l'affection la plus vive.

Le repas terminé, je proposai à l'Empereur de parcourir le camp, il accepta, et chemin faisant, comme la
tournure martiale de mes soldats le surprenait, il me
dit : « Comment avez-vous fait, Général, pour civiliser
« ces Montagnards musulmans et les plier à la disci-
« pline militaire ! — Ils sont libres, Sire, et la liberté,
« au lieu d'être pour eux de la licence accompagnée de
« honteux désordres, n'est que la source des élans gé-
« néreux et de l'obéissance la plus dévouée. Il faut
« aussi, et pour leur faire comprendre la portée de cet
« immense bienfait, procéder vis-à-vis d'eux avec la
« plus grande justice ; récompenser et punir à propos ;
« allier la bonté à la fermeté ; prévenir et prévoir leurs
« besoins ; partager leurs peines et leurs plaisirs ;

« vivre enfin de leur vie , et stimuler leur zèle en
« excitant leur amour-propre. Il faut aussi traiter les
« hommes sur le pied de l'égalité la plus complète :
« les titres, la noblesse, ne doivent avoir d'autre con-
« sidération que celle que méritent personnellement
« ceux qui en sont revêtus. Point de favoritisme ni de
« privilége ; ces exceptions font toujours des ingrats
« et des mécontents ; mais surtout craignez d'être
« trompé par vos courtisans ; assurez-vous de l'exac-
« titude de leurs missions , de la vérité de leurs rap-
« ports, en contrôlant vous-même ce qu'ils vous disent.
« Rendez-vous, sous un autre vêtement, dans les lieux
« publics ; mêlez-vous à la conversation , et vous en-
« tendrez souvent murmurer des plaintes et former des
« vœux : vous apprendrez alors par vous-même ce que
« l'on attend des Souverains , et vous pourrez ré-
« parer le mal qu'on aura fait à votre insu, peut-
« être même en votre nom. Agissez ainsi , et , comme
« moi, vous serez satisfait ; c'est pour atteindre ce but
« que je vais souvent, déguisé en soldat , écouter le
« soir auprès des tentes , afin de connaître ce qui peut
« être agréable aux hommes dont le concours m'est si
« utile. »

L'Empereur, appréciant la justesse de mes conseils,
m'assura qu'il les suivrait à l'avenir ; « car je sais,
« disait-il, que la satisfaction et la paix du cœur mar-
« chent à la suite des bonnes actions , et s'il arrive que
« l'on rencontre un ingrat, on s'en console en pensant
« que sa conscience sera plus tard déchirée par les

« remords. » La nuit qui se fesait nous fit séparer, la joie dans le cœur.

Le lendemain, je demandai à Zulmé, à Ida et à Clorinde, si à la revue du dimanche elles paraîtraient sous le costume et l'uniforme de Lieutenant-Général. Elles me répondirent que puisque leur sexe était connu à tous les soldats, elles se présenteraient en amazones. J'applaudis à leur heureuse idée et leur assurai que, sous ce costume, elles produiraient une sensation excessivement agréable.

Le dimanche étant venu, je passai la revue générale de mes troupes et des prisonniers, accompagné de l'Empereur et de son nombreux état-major. Zulmé, Ida et Clorinde défilèrent ensuite devant nous et firent l'admiration de l'Impératrice ; et comme les soldats allaient rentrer dans le camp, Zulmé s'approcha de nous et me dit : « Permettez à celle qui admire vos
« vertus de vous adresser une prière ; vous ne lui refu-
« serez pas la grâce qu'elle vous demande à genoux.
« Ma vie, mon cœur vous appartiennent, vous le savez
« depuis longtemps ; mais une distance considérable
« nous sépare encore, et je veux aujourd'hui la faire
« disparaître, je désire de toute mon âme que le même
« Dieu entende nos prières et lise dans nos cœurs. Je
« veux embrasser la religion de celui que je ne dois
« plus quitter et que j'aime comme un frère chéri. »

Je ne pus résister à cette suave émotion, la joie brisait mon cœur et des larmes d'attendrissement coulaient de mes yeux. Je relevai Zulmé, en baisant respectueusement sa main ; ma voix expira sur mes lèvres pour lui dire mon bonheur. L'Empereur et sa suite partageaient mon émotion et gardaient un religieux silence.

Je fis appeler immédiatement le vénérable prêtre qui nous servaient de guide dans la voie du Ciel, et je le priai de donner sans retard l'instruction religieuse au jeune et ardent néophyte pour que l'eau du baptême coulât sur son front.

La nouvelle de cette conversion se répandit bientôt dans le camp et devint le sujet de la conversation générale des soldats : tous adoraient Zulmé et auraient versé pour elle jusqu'à la dernière goutte de leur sang ; ils la suivaient sur le champ de bataille, ils résolurent de la suivre aussi au pied des autels.

Quelques heures après, en effet, une députation composée de soldats de tous les corps vint à moi, et le plus ancien d'entr'eux, prenant la parole, me dit : « Il ne nous suffit pas de marcher sous le même dra- « peau et de partager les mêmes dangers et les mêmes « triomphes, il faut que notre union se fortifie encore « par la même foi religieuse. L'exemple de vos vertus « a invité votre brave et digne Zulmé à embrasser « votre religion, nous venons vous supplier de nous « accorder la même faveur ; nous voulons être chré- « tiens ! » — « Oui, mes amis, vous le serez bientôt ! « Ce jour est le plus heureux de ma vie ! Les eaux « salutaires du baptême couleront bientôt sur vos « fronts. » Ce fut là tout ce que je pus répondre, tant j'étais ému.

« Dieu soit loué, dit l'Empereur ! Que n'êtes-vous

« Souverain d'une nation , vous feriez le bonheur de
« vos peuples ! — Moi souverain ! jamais ! non jamais
« je ne voudrais d'une tâche aussi difficile à remplir ;
« car un Roi doit s'oublier pour ne penser qu'à ceux
« que la Providence lui a confiés ! Un Roi est un
« homme malheureux que l'on trompe toujours en le
« flattant et qui ne sait jamais la vérité. Il se croit en-
« touré d'hommes sûrs et fidèles , tandis que sous le
« masque de l'amitié on le conseille de manière à le
« perdre , et ceux qui , dans les temps prospères , pro-
« testent de leur dévouement inaltérable sont quelque-
« fois les premiers à le trahir et à l'abandonner dans le
« malheur.

« Si Dieu veut que ma destinée soit de pacifier le
« monde et de le faire jouir d'un bienfait continuel , je
« me soumets à ses volontés ; mais je n'ai point d'autre
« ambition. Heureux de l'estime et du respect que l'on
« me témoigne en ce monde , je n'aspire qu'à faire
« honorer et chérir ma mémoire après ma mort. Voulez-
« vous , Sire , un exemple qui vous prouve que les
« Monarques sont souvent trompés et peuvent dès-lors
« commettre des fautes irréparables. Eh bien ! mon
« premier Lieutenant, Zotocof , a été de votre part
« victime de la plus grande injustice , parce que vos
« courtisans, jaloux de vous voir son ami , son protec-
« teur, avaient juré sa perte. — Zotocof, dit l'Empe-
« reur, était innocent et on m'a fait signer sa condam-
« nation, l'exil de sa famille ! — Oui, Sire. » Et prenant mon Lieutenant par la main , je le présentai à
l'Empereur. — « Zotocof, lui dit-il, je voudrais vous

« faire oublier le mal que je vous ai fait ; donnez-moi
« votre main et l'espoir d'un pardon généreux , puisse
« ce pardon calmer un jour les remords qui déchirent
« mon cœur. » Zotocof et Ida qui s'approcha alors de
son frère , frappés de cette immense douleur, se
mirent aux pieds du Monarque et jurèrent d'oublier
les maux qu'ils avaient soufferts. Relevés aussitôt ,
ils reçurent la promesse de rentrer aussitôt dans leur
fortune et les honneurs. Nous étions tous dans l'extase
de cette scène pathétique, lorsque le marabout entra
précipitamment dans la tente. Cet homme estimable
m'était dévoué parce que j'agissais avec lui comme avec
tous ceux qui marchaient avec moi. Apercevant à son
allure qu'il était l'objet d'une agitation étrange , je le
priai de m'expliquer le but de sa visite. « Mon Général,
« me dit ce brave et digne marabout , vous possédez à
« fond l'art de séduire les cœurs , et si vous étiez roi
« je crois que tous les peuples voisins émigreraient
« pour devenir vos sujets. Dieu est grand ! que ses
« œuvres soient bénies ! car vous venez de m'enlever
« tout mon troupeau, non par violence, il est vrai, mais
« par l'exemple de vos vertus. Pour moi , je ne veux
« point changer de croyance ; mais bien que je vous sois
« inutile , je viens vous supplier de me permettre de
« rester auprès de vous. » — « Je vous l'accorde de
« tout mon cœur , bien que vous conserviez votre foi
« religieuse , vous n'en serez pas moins aimé et res-
« pecté de tous. Vous avez donné , jusqu'à ce jour , des
« preuves irrécusables de la noblesse de votre caractère
« et de vos vertus. Vos conseils seront toujours enten-

« dus avec plaisir et vous saurez encore m'être utile
« lorsque nous prendrons la route de l'Asie. Je compte
« encore sur vous pour accomplir tout le bien pos-
« sible. »

— « Je suis maintenant convaincu, me dit l'Empe-
« reur, de la profonde connaissance que vous avez du
« cœur humain ! Dès aujourd'hui je sais que la terreur
« et la crainte ne suffisent pas pour comprimer les
« mauvaises passions des hommes. Elles ont bien cer-
« tainement des résultats ; mais dès que l'occasion se
« présente, et comme un fleuve qui brise ses digues,
« ces mauvaises passions reprennent leur essor avec
« encore plus d'audace. Vous venez de me démontrer
« suffisamment que la douceur et les bons exemples
« ont seuls sur les hommes un ascendant merveilleux. »

L'arrivée de l'Impératrice et de Clorinde interrompit
notre conversation, elle venait de remplir une mission
que je leur avais confié la veille et qui avait pour but
d'assurer le retour dans leur foyer aux familles errantes
qui nous avaient demandé protection et secours avant
la bataille d'Acouf.

« Mon général, me dit Sapiença, si en reconnais-
« sance de vos bienfaits, les vœux des populations
« environnantes sont exaucés, vous ne trouverez ja-
« mais d'obstacle à vos désirs. Je suis à la fois heu-
« reuse et désolée d'avoir à vous transmettre des
« souhaits aussi justes que mérités : heureuse, parce
« qu'en vous les offrant, j'accomplis un devoir sacré ;
« car je suis obligée de convenir que nous, qui devrions
« être les protecteurs de nos propres sujets, nous nous

« sommes conduits envers eux de manière à les forcer
« de recourir à la bienveillance de leurs ennemis. »

« Vous le voyez, Sapiença, répondis-je, il est très-
« dangereux pour la réputation d'une armée d'avoir à
« son entour des hommes dont l'indiscipline et l'avidité
« peuvent amener de si funestes conséquences! mais
« laissons là les Cosaques et leurs barbares méfaits et
« permettez-moi de vous remercier de la bonne nou-
« velle que vous m'apportez, si ce que j'ai fait pour ces
« braves familles les a dédommagés de leurs pertes et de
« leur frayeur, vos regrets ont dû les remplir de joie et
« surtout leur donner l'assurance que désormais votre
« protection bienveillante leur était acquise.

« Quant à moi je dois à ces braves gens plus que je
« ne leur ai donné. Ils ont été pour moi des auxiliaires
« puissants, en me prévenant de votre arrivée, de vos
« forces, de vos intentions et en me fournissant les
« vivres qu'ils avaient soin de vous cacher; et mainte-
« nant réfléchissez sur le mal qu'ont fait vos Cosaques
« et sur la haine qu'ils inspirent partout où ils se mon-
« trent. Comparez-les aux marins que vous comman-
« diez dans cette expédition. » — « Je n'ai que des
» éloges à leur donner, Général, me dit-elle, avec eux
« je serais sûre de vaincre une armée décuple; car ils
« ont toutes les qualités des meilleurs soldats : aussi je
« brûle du désir de vous prouver que je suis digne de
« la confiance dont vous m'avez investie en m'associant
« à votre gloire. »

Nos blessés et ceux de l'armée que nous avions vain-
cue, étaient en pleine convalescence et pouvaient, sur

des prolonges, supporter les fatigues de la route. J'allais les visiter tous les jours pour me rendre compte des soins qu'ils recevaient et leur donner des encouragements : aussi, amis et ennemis m'étaient également dévoués.

L'Empereur, s'étant aperçu de la sympathie qu'avaient pour moi ses propres soldats, m'avoua franchement que, n'ayant aucun intérêt à me faire la guerre, puisque sa femme elle-même était passée à l'ennemi, je voulus bien l'honorer de mon amitié, de mes conseils, et lui permettre de me suivre dans l'accomplissement de mes projets.

Nos dispositions de départ bien préparées et après avoir érigé, en l'honneur des victimes que nous laissions pour jamais dans cette plaine, un monument qui éternisa le souvenir glorieux de notre victoire, nous décidâmes que le lendemain on célébrerait un service funèbre devant ce mausolée.

Ce jour était venu, l'armée se rangea en bataille dans la plaine d'Acouf, les marins formaient l'aile gauche, les restes de l'armée ennemie occupaient le centre et l'aîle droite se formait des corps de Zulmé, d'Ida, de Clorinde et de Zotocof. Des autels avaient été dressés entre le monument et l'armée, et des prêtres catholiques, grecs et turcs officiaient suivant leur rite. La musique jouait des symphonies funèbres et les roulements lugubres des tambours augmentaient encore la tristesse générale des braves qui priaient Dieu dans le plus profond recueillement. La cérémonie achevée, l'armée défila par division et au port d'armes devant ces restes précieux pour tous. Nous dîmes un dernier adieu à nos compagnons d'armes, et tout étant prêt pour le départ nous montâmes à cheval pour quitter cette plaine.

Nous fîmes halte non loin de la plaine, pour camper sur les bords agréables d'une rivière dont les eaux argentées arrosaient un vallon délicieux. Je me fis rendre compte administrativement de la situation de l'armée et je vis avec plaisir qu'avec les sommes trouvées dans la caisse militaire de l'armée ennemie et l'argent trouvé sur les cosaques après leur mort, je pouvais distribuer une somme de deux cents francs à chacun de mes soldats.

Après avoir passé trois jours dans cette magnifique et délicieuse vallée, nous prîmes définitivement la route de la Géorgie, nous rencontrions chaque jour des détachements qui ralliaient l'armée de l'Empereur. Ces hommes, étonnés de nous voir réunis à leurs camarades, partagèrent bientôt vis-à-vis de moi leurs sentiments et consentirent à nous suivre.

Un mois après notre départ de la plaine d'Acouf, nous arrivions sur les bords de la mer Noire, après avoir visité plusieurs contrées, dont les populations bénirent nos bienfaits; car nous nous occupions de tout ce qui pouvait leur être utile. L'Empereur acquit par ce voyage une connaissance exacte des besoins de ses sujets qui, dès ce jour, lui donnèrent des preuves irrécusables de leur amour et de leur dévouement.

Par un de ces effets de la Providence auxquels Dieu seul préside. il advint qu'au moment où nous arrivions sur la côte un brick de commerce anglais y mouillait, forcé par les vents contraires. Ce brick était nolisé par trois cents jeunes demoiselles auxquelles Clorinde avait écrit tout ce qui lui était arrivé depuis son départ de Londres, et comme, pendant qu'elle fesait son éducation dans l'un des meilleurs pensionnats de cette capitale, elle avait vanté le courage et la valeur des femmes de son pays, le plus grand nombre de ses amies, séduites par ses aventures romanesques, avait pris la résolution de rejoindre la bonne Clorinde. Cette hardiesse chez ces trois cents jeunes personnes ne surprendra pas, lorsqu'on saura qu'en Angleterre tout le monde a l'honorable ambition de vouloir contribuer à la gloire du pays, que ce sentiment chez les femmes est tout aussi grand que chez les hommes : à ce point qu'une dame n'est réellement remarquable qu'alors qu'elle a fait un ou deux voyages dans l'Inde. On conçoit que cet usage doit donner à presque toutes les Anglaises l'envie de se distinguer et d'établir leur réputation par quelque fait extraordinaire : aussi en voit-on pousser cette frénésie jusqu'à descendre dans le cratère du Vésuve après une éruption, sans s'inquiéter si, pendant qu'elles sont sur les laves encore brûlantes, une autre éruption peut les engloutir. Que leur importe le danger ! Des témoins étaient là pour constater leur audace et qui la vanteront à leur retour. D'autres naviguent, en hiver, sur un frêle yacht et arrivent pendant l'orage dans un port, où leur courage trouve bientôt des admirateurs passionnés.

J'accueillis donc, comme elles le méritaient, ces

trois cents héroïnes et nous échangeâmes les compliments les plus aimables ! L'une d'elles, nommée Al-
méda, parla au nom de ses compagnes et m'exposa leur
résolution avec une grâce charmante. L'Empereur était
au comble de la surprise, et m'adressant alors à Zulmé,
je lui dis : « Vous êtes ici la plus ancienne de l'armée,
« comme vous êtes son honneur et sa gloire ; aussi à
« vous revient de droit d'instruire et de commander
« ces nouvelles amazones qui, réunies à celles que
« nous attendons de la Crimée, doivent former un
« sixième corps ; votre brave Lieutenant Moustapha
« deviendra par votre nouvelle position le chef de celui
« que vous avez pendant si longtemps commandé avec
« tant de distinction.

« Quel beau noyau pour former une armée ! Voilà le
« début. Espérons que Dieu nous viendra en aide pour
« arriver bientôt au nombre que je désire, à l'effet
« d'atteindre mon but ! Oui ! il faut que les femmes
« prouvent qu'elles savent se faire aimer non seule-
« ment par leur beauté, mais encore par leur courage
« et leur bravoure héroïque. » Elles me saluèrent
gracieusement et toutes se retirèrent dans les tentes
qui leur étaient destinées.

Nous restâmes quelques jours sur les bords du golfe,
le brick fut déchargé et les amazones commencèrent
à faire des exercices à feu qui nous donnèrent la conviction qu'elles seraient bientôt aussi expérimentées
que nos vieilles troupes. Nous partîmes donc, et trois
jours après nous arrivions dans un village, non loin de
Saint-Sebastopol, où les autorités nous apprirent

qu'un pirate avait commis de grands ravages sur la côte,
et cela malgré la vigilance que l'on déployait pour
l'atteindre.

A ce récit, je fus visiter le port et j'y trouvai un sloop
aussi élégant que solide. Je priai son armateur de me le
confier, afin que sa riche apparence excitât la cupidité
du pirate. Cet armateur, qui était fort riche, m'apprit
qu'ayant été poursuivi par cet écumeur de mer, il avait
pu, grâce à sa marche supérieure, se réfugier dans ce
port, et la peur d'être pris avait été si grande que,
pour se venger, il accepta avec joie la proposition d'as-
sister au combat que j'allais offrir à ce brick. Nos préparatifs étant terminés, je pris avec moi l'Impératrice,
Ida, Clorinde et Zulmé dont l'adresse pour pointer un
canon tenait du merveilleux : quarante marins composaient mon équipage et nous partîmes à la tombée de la
nuit.

Le sloop était armé de trois obusiers de douze de
chaque bord et avait de plus une petite coulevrine de
huit sur l'arrière. A la sortie du port, nous passâmes
auprès d'un pêcheur qui nous apprit avoir vu le pirate
à deux lieues S.-E. du cap sous lequel nous étions ;
cette nouvelle nous combla de joie ; mais la brise qui
nous poussait vers notre ennemi tomba et nous restâmes en calme toute la nuit.

Au point du jour, on vint m'éveiller pour m'apprendre que le pirate, retenu comme nous par le calme,
était en vue et à une petite lieue. Je montai sur le pont,
et, après l'avoir montré à l'armateur qui le reconnut,
j'ordonnai à mes hommes de se cacher, laissant seule-

ment à découvert ceux qui étaient nécessaires à la manœuvre. La brise venait de s'établir à l'est ; mais excessivement faible. Pour mieux tromper le pirate, je remis le cap sur le port que nous venions de quitter, comme si sa présence nous était suspecte, et pour mieux prouver notre effroi nous déployâmes toutes nos voiles, ayant le soin de nous attacher à une barrique que nous remorquions et qui diminuait tellement notre marche qu'il devait nous prendre pour un navire de commerce lourdement chargé.

Le bandit nous aperçut bien ; mais un gros trois-mâts qui passait au large, faisant route sur le Bogaz de Constantinople, l'occupait et nous eûmes la preuve en découvrant une espèce de trabaque, qui, le cap sur le trois-mâts, fesait tous ses efforts pour l'atteindre et échangeait des signaux avec notre pirate.

Comptant sur l'adresse de mes canonniers pour les couler ou les incendier tous les deux, je ne voulais pas prendre l'offensive, de peur que, devinant le piége, ils ne prissent la fuite. Je continuai donc ma route ; mais, quelques minutes après, je restai muet de surprise ; ces trois navires hissèrent le pavillon russe, et le trois-mâts mit en panne tribord amures. Un instant après, le trabaque l'accostait pour recevoir un renfort de vingt-cinq à trente hommes. « Nous voici, dis-je à l'Impéra-
« trice, au milieu de vos sujets ; mais il faut que je sois
« bien ignorant si je ne vous explique pas ce qui se
« passe d'une manière certaine. Le trabaque doit être
« réellement le pirate, le brick est une de ses anciennes
« prises, et le trois-mâts a dû être amariné récem-

« ment et il est allé prendre son équipage, parce que
« le sloop a été reconnu pour être celui qu'il a déjà
« forcé à chercher un refuge dans le port. Il n'y a
« donc plus à hésiter, il faut faire nos préparatifs de
« combat. »

La brise était à peu près tombée, nous rentrâmes la
barrique et serrâmes toutes les voiles excepté le petit
hunier, le grand foc et la brigantine. Le grand foc resta
cargué et le point d'amure de brigantine levé (notre
navire était mâté à Balaou). Sous cette voilure, notre
vue s'étendait parfaitement hors du bord. Le calme
ayant tout-à-fait succédé à la brise, le trabaque arma
ses avirons et à leur aide il s'approchait rapidement.
Lorsqu'il fut par le travers du brick, celui-ci le hella
d'accoster pour recevoir encore cinquante hommes.
— Nos amazones comprirent ces paroles qui étaient
prononcées en idiome moldave. — Pendant tous ces
mouvements, le brick s'était aussi rapproché au point
qu'au moment où l'on embarquait les hommes nous
n'étions plus qu'à une bonne encâblure de ces navires
qui étaient bord à bord.

« Allons, dis-je à Zulmé, suivant toute apparence,
« le temps nous réserve une journée de calme, une
« affaire fort chaude et l'honneur de détruire cet amas
« de brigands. Donnez-moi aujourd'hui une nouvelle
« preuve de votre adresse, essayez cette coulevrine et
« faites que ce premier coup jette la terreur dans le
« cœur des bandits. Votre courage n'a pas besoin d'être
« excité ; mais regardez à terre ! toutes les hauteurs
« sont couronnées de personnes, de nos troupes même

« qui attendent dans la plus grande anxiété l'issue du
« combat, et leurs craintes sont d'autant plus fondées
« qu'ils nous voient en face de trois ennemis, sans
« pouvoir venir à notre aide. Tâchez donc de couper
« le petit mât de hune du brick, pour qu'il ne nous
« inquiète pas si la brise arrive pendant que nous se-
« rons aux prises avec le trabaque. »

Elle donna aussitôt l'ordre d'armer sur l'avant un
aviron de chaque bord, pour que l'arrière du sloop, où
était la coulevrine, fît face à l'avant du brick. Cela fait,
elle pointa sa pièce avec la plus grande attention et fit
feu..... Un cri d'enthousiasme et d'approbation se fit
entendre..... Avec une habileté et une précision admirables, Zulmé venait de couper les étais et la vergue de
misaine qui, en tombant, occasionna, par l'effort des
ralingues du petit hunier, la rupture des vergues de
hune et de perroquet.

« Nous sommes maintenant certains, lui dis-je, que
« ce brick ne peut plus nous échapper et ne sera pas
« une adversaire redoutable. » Je portai ma longue
vue sur la terre et je reconnus à la manière dont les
spectateurs agitaient leurs mouchoirs qu'ils applaudis-
saient à ce premier succès.

« A vous maintenant, dis-je à Ida, Clorinde et à
« l'Impératrice, à vous de suivre ce noble exemple,
« méritez les mêmes compliments. Avant l'aviron de
« tribord, m'écriai-je, présentons babord à l'ennemi et
« feu partout..... »

Il nous fut facile de reconnaître le mal et l'embarras
causé par nos obusiers ; mais nous aperçûmes, un ins-

tant après , toutes les embarcations des trois na... ..
chargées de monde arrivant sur nous à force de rames ,
en suivant autant que possible la lisière de la fumée de
manière à éviter la direction de notre feu. Dès que les
embarcations furent à portée, j'ordonnai de charger
avec des boîtes à balles , et comme elles venaient sur
une seule ligne je recommandai à ces dames de tirer
un coup de canon sur chacune d'elles , de tirer ensuite
à mitraille et enfin à boulets.

A la première bordée , nous aperçûmes que les rameurs avaient tous été tués ou blessés. Les embarcations étaient dans le plus grand désordre. La première
seule s'arrêta pour ordonner l'abordage ; mais son autorité fut méconnue, et les autres, avec les quelques
avirons qui leur restaient , se dirigèrent sur le trois-
mâts. Nous continuâmes alors le feu avec vigueur et
nous vîmes couler cette embarcation qui , seule, avait
montré quelque courage. Les quelques hommes que
nos projectiles avaient épargnés se dirigèrent à la nage
à la suite des fuyards : un seul d'entr'eux , le sabre aux
dents , vint se crocher à nos sous-barbes , où je le fis
surveiller. Malgré la rapidité de leur fuite, les embarcations furent toutes coulées avant qu'elles pussent
atteindre le trois-mâts, et nos tirailleurs placés sur la
dunette et le gaillard-avant , par une mousqueterie
aussi vive que bien dirigée, ne laissèrent pas échapper
ceux qui essayaient de se sauver à la nage.

Nous amenâmes la yole du sloop et nous prîmes non
sans peine le scélérat qui était le long du bord. Nos
marins le désarmèrent à l'aide d'un grand coup d'avi-

ron, et profitant de son étourdissement il fut embarqué, amarré et mis aux fers où quelques soins le rappelèrent à la vie. Ainsi débarrassés de cette première attaque, nous profitâmes d'une légère brise d'est pour nous diriger sur le trois-mâts, et nous en étions à peine séparés par une portée de pistolet, lorsque nous vîmes monter sur le plat-bord une femme échevelée et poussant des cris dans une langue que personne n'aurait compris si l'Impératrice n'eût été parmi nous. Elle demandait du secours et implorait nôtre pitié.

Nous abordâmes immédiatement le trois-mâts par la hanche. Quelques-uns de nos marins, à l'aide du bout-dehors de foc, furent bientôt sur le pont. Après avoir examiné s'il n'y avait plus de pirates, ils reçurent l'ordre de profiter de la brise pour se rendre immédiatement au port et débarquer les malheureuses femmes que nous venions de rendre à la liberté.

Profitant de la brise, nous passâmes à poupe du brick et nous lâchâmes notre bordée à mitraille ; mais, voyant qu'il ne répondait pas à notre feu, nous sautâmes à l'abordage et nous apprîmes, par les dernières paroles de quelques hommes blessés, que les équipages des trois navires avaient armé les embarcations, croyant nous prendre facilement, et qu'ils avaient presque tous trouvé la mort dans cette attaque infructueuse.

Nous dégageâmes à la hâte tout ce qui gênait sa mise en route et celle du trabaque, et après leur avoir donné quelques hommes pour les manœuvrer, nous fîmes force de voiles pour profiter d'un vent du large assez frais qui devait nous conduire facilement au port. Les

étais du brick furent, chemin faisant, réparés à la hâte, et à midi le trois-mâts et nous. prîmes le mouillage où nous fûmes salués par les acclamations les plus sincères et les plus vives. Nous fimes alors venir devant nous le seul pirate que nous avions fait prisonnier, il était grand. bien fait et de bonne mine. Il répondit avec calme à toutes mes questions et m'apprit que, commandant l'année dernière un beau trois-mâts, il avait été capturé, sur les côtes est de la mer Noire, par un pirate, et qu'à la suite de ce vol, se voyant entièrement ruiné, il avait pris le parti de dévaliser à son tour les navires. Il ramassa donc quelques gueux qui ne vivaient que du vol et de rapine, et s'empara du trabaque avec lequel il vint, dans la mer Noire, se livrer à son infâme métier.

« Le brick que vous voyez, me dit-il, est une prise
« toute récente, et c'est hier seulement que j'ai cap-
« turé ce trois-mâts richement chargé des produits de
« la Perse et de l'Arménie ; les femmes que vous avez
« trouvées à bord ont été prises sur différents bâtiments
« qui les portaient à Constantinople pour être vendues
« au Sultan. Il y a parmi elles les plus belles Géor-
« giennes, les Circassiennes les plus séduisantes, en
« un mot les perles de l'Orient. J'avais le projet de
« vivre maintenant paisiblement du fruit de mes rapi-
« nes ; mais Dieu ne l'a point voulu et vous êtes l'ins-
« trument de sa vengeance. »

L'Impératrice qui, comme on se le rappelle, avait été chargée d'amariner le trois-mâts, m'assura que le dire du prisonnier, au sujet de ses captives, était loin de la vérité, et pour le prouver elle me pria de faire venir celle des femmes qui apparut sur le pont de ce navire lorsque nous l'abordâmes. Elle fut donc appelée, et dès que le pirate l'aperçut il pâlit et éprouva des tremblements extraordinaires.

Cette jolie femme, dont la beauté était aussi ravissante que ses manières étaient distinguées, nous salua avec une grâce enchanteresse et commença ainsi son histoire :

« Née à Tiflis, de parents israélites, les plus riches
« du pays, mon éducation fut de beaucoup supérieure
« à celle que reçoivent ordinairement les personnes de
« mon sexe, et je devins si utile à mon père qu'il me
« conduisait partout avec lui dans ses voyages, ce qui
« était complètement dans mes goûts. Cet amour
« était pour moi une véritable passion qui grandissait
« encore à cause du mépris qu'on a si injustement pour
« ma secte dans tout l'Orient : aussi je désirais venir
« en France où je savais, par mes lectures, com-
« bien nos coreligionnaires étaient protégés et heu-
« reux dans ce beau royaume. Je communiquai ce désir
« à quelques amies d'enfance qui partagèrent mes sen-
« timents et prirent la résolution de me suivre. Elles
« avaient reçu comme moi une éducation toute libérale,
« montaient admirablement à cheval et savaient habi-
« lement se servir des armes à feu. Le courage ne nous
« manquait pas. Nos parents, témoins des vexations
« que nous éprouvions, ne s'opposaient donc pas à
« notre départ, promettant de nous rejoindre dès qu'ils
« auraient liquidé leurs affaires commerciales.

« Depuis notre tendre enfance, on nous avait donné,

« comme compagnes de nos jeux et objets de nos ca-
« prices, des jeunes esclaves fortes et robustes qui
« voulaient nous accompagner. Notre caravane se
« composait donc de vingt-six femmes et de quatre
« conducteurs fidèles qui déjà m'avaient suivi dans
« mes voyages en Asie.

« Notre départ, fixé au lendemain, nous permit de
« faire nos adieux à tous nos parents. Dire ce que j'é-
« prouvai en les quittant est impossible à rendre ; mais
« l'espoir d'être bientôt réunis et le bonheur d'aller en
« France calmèrent un peu la douleur de cette sépara-
« tion. Notre caravane se mit donc en marche, et la
« richesse des campagnes que nous traversions vint
« bientôt dissiper la tristesse de nos pensées. La gaieté
« commença à renaître parmi nous, et le soir, après
« avoir fait nos tentes, nous campâmes sur un petit
« coteau dominant une plaine dont l'horizon éloigné
« nous mettait à l'abri de toute surprise. La nuit fut
« belle et notre sommeil tranquille ; au lever du soleil,
« nous nous remettions en route pour gagner promp-
« tement le port où nous devions embarquer.

« Quelques jours après et non loin des frontières de
« notre pays, nous aperçûmes sur un petit mamelon
« très boisé quelques cavaliers qui avaient l'air de nous
« attendre au passage. Pour les éviter nous prîmes plus
« à droite ; mais quelle ne fut pas notre surprise en les
« voyant peu après sur la route que nous devions
« suivre. Ils étaient à peu près une trentaine. Ces
« hommes grands et bien constitués en voulaient sans
« doute à notre bourse et paraissaient aussi décidés à

« l'attaque que nous nous préparions à la défense.
« J'ordonnai donc à nos conducteurs de se tenir prêts à
« placer nos charriots en carré, et cela promptement,
« afin que, dans cette position et à l'aide de leur abri,
« nous puissions faire tout le mal possible à nos
« assaillants.

« Ces hommes audacieux, voyant la caravane s'ar-
« rêter, vinrent à nous en quatre groupes, les trois
« premiers nous contournèrent, un seul marcha de
« front. Notre carré fut immédiatement formé et nous
« attendîmes l'attaque de pied ferme ; elle ne se fit pas
« attendre, car dès que le groupe qui devait nous cou-
« per la retraite fut à portée, les balles nous arrivèrent
« de toutes parts. Nous répondimes avec tant de succès
« et de précision qu'en moins d'une heure nos ennemis
« étaient morts ou blessés.

« Les victoires coûtent toujours fort cher aux vain-
« queurs. Nous eûmes en effet à regretter la perte d'une
« servante tendrement chérie. Zara, dans l'ardeur de
« son courage, voulut compléter nos succès en sortant
» de nos retranchements pour donner la mort à l'un
« des voleurs qui s'était tout-à-fait approché de nous.
« L'intrépide Zara le poursuit, l'atteint et l'achève en
« recevant en même temps une blessure mortelle.

« Le lendemain, si notre douleur fut grande de
« laisser une compagne chérie sur la terre étrangère,
« combien aussi fûmes-nous fières et glorieuses d'avoir
« lutté contre des ennemis supérieurs en force et en
« nombre.

« Après avoir réparé les dommages causés par le

« combat, nous nous acheminâmes vers Redout-Kalé,
« port de la mer Noire où nous devions trouver un
« navire pour nous recevoir, et qui est le point de la
« Mingrelie où la Russie est en contact avec la Turquie.
« Dix jours après, nous arrivions avec d'autres carava-
« nes parties de divers pays d'Asie. C'était pour la
« troisième fois que je visitais ce port, et je ne fus
« donc point embarrassée de conduire mes compagnes
« chez des amis prévenus de notre arrivée.

« Par une coïncidence tout-à-fait heureuse, le trois-
« mâts qui devait nous recevoir mouilla sur rade le soir
« même ; le capitaine Mavro-Mati se présenta chez
« notre correspondant le lendemain et lui remit une
« lettre de mon oncle de Marseille qui le recommandait ;
« il ajoutait aussi que je ne pouvais être mieux confiée
« qu'à ce capitaine, et notre départ fut fixé pour le
« jour suivant.

« Nous nous embarquâmes donc après avoir renvoyé
« nos charriots chargés de nouvelles marchandises
« adressées à nos parents. Mavro-Mati donna l'ordre
« d'appareiller, et dès que nous fûmes en pleine mer
« il nous dévoila l'hypocrisie de sa conduite, la noirceur
« de son âme et ses horribles projets.

« Il ne fut pas longtemps à nous apprendre ses
« exploits de forban et nous annonça qu'il allait nous
« vendre sur le marché de Constantinople. A cette
« affreuse nouvelle et sous l'empire du plus violent
« désespoir, je me jetai à la mer, et, ne consultant que
« mon courage, je nageai vers un navire qui passait
« près de nous. Mes amies suivirent mon exemple, et

« nous étions à peine sauvées que Mavro-Mati, arrivant
« avec sa chaloupe, força notre libérateur à nous res-
« tituer. De retour à bord, il fit mettre mes compagnes
« aux fers, me réservant pour leur donner les soins
« indispensables, et c'est dans cette triste situation
« que vous nous avez rendues à la liberté. »

Ce récit nous combla d'indignation et l'Empereur donna immédiatement l'ordre d'exécuter ce monstre.

Rachel et ses amies furent aussitôt entourées des soins et des égards qu'elles méritaient ; le soir même, séduites par notre manière de vivre qui était conforme à leurs goûts chevaleresques, elles me prièrent de vouloir bien les garder avec nous, afin qu'à notre exemple et sous mon commandement elles pussent prendre part à nos glorieux travaux.

Après avoir félicité leur résolution et agréé leur projet, je donnai des ordres pour qu'elles prissent l'uniforme du corps de Zulmé, et les objets trouvés à bord des pirates furent vendus à leur profit. Zulmé, Ida et Clorinde furent chargées de leur instruction militaire, et l'intelligence de leurs élèves fut si précoce qu'en peu de temps leurs progrès surprirent tout le monde.

Comme nous devions bientôt partir, je passai mes soirées avec l'Empereur, et je lui fis part de mes vues sur l'Égypte. » Ce pays, disais-je, ancien berceau du
« monde, voie première de l'immense commerce de
« l'Inde qui rendit Venise si opulente, a besoin d'être
« rajeuni en creusant de nouveau le canal qui commu-
« niquait avec la Méditerranée et qui rapprocherait
« ainsi ces deux parties du monde.

« Il est de l'intérêt des nations riveraines de la Mé-
« diterranée que le Pacha d'Égypte soit aidé dans
« l'accomplissement de ce projet dont les résultats
« doivent leur être si profitables. Il importe donc aux
« ports de commerce méditerranéens qu'au moyen de
« canaux et de chemins de fer l'Égypte soit un vérita-
« ble pont jeté entre l'Inde et l'Europe.

« Le grand Méhémet-Ali aurait sans doute réalisé
« cette œuvre gigantesque, et il eût porté les plus
« rudes coups au cœur de l'Angleterre, si dans le temps
« vous n'aviez impassiblement assisté à la démolition
« de ses villes maritimes.

« Qui sait les résultats qu'auraient obtenus votre
« alliance avec ce royaume plein de sève et de vigueur !

« Et la France, Sire, vous donna à cette époque un
« exemple que vous auriez dû suivre, et vous aimâtes
» mieux la laisser dans l'isolement..... »

L'Empereur allait parler lorsque je m'éveillai.......
Mon rêve était fini..... et il me laissa sous une impres-
sion étrange..... mille pensées agitaient encore mon
esprit......

FIN.